# DEUTSCHE WIRTSCHAFTSSPRACHE FÜR AMERIKANER

THIRD EDITION

Doris Fulda Merrifield
*California State University, Fullerton*

TAPESCRIPT

**John Wiley & Sons, Inc.**
New York • Chichester • Brisbane • Toronto • Singapore

## VORWORT ZUR 3. AUSGABE

Das Tonbandprogramm für die 3. Ausgabe des Texts Deutsche Wirtschaftssprache für Amerikaner ist unverändert. Leider war es nicht möglich, gleichzeitig mit der neuen Ausgabe auch neue Interviews vorzulegen. Wegen der deutschen Wiedervereinigung und den damit verbundenen Auswirkungen auf alle Gebiete der Wirtschaft war eine umfangreiche Neubearbeitung des Texts notwenig. Es wäre mir unmöglich gewesen, gleichzeitig neue Interviews vorzubereiten, mit Gesprächspartnern Vereinbarungen zu treffen, die Gespräche in Deutschland zu führen und sie dann, was die meiste Zeit beansprucht, aufs Papier zu übertragen, Verständnishilfen zur Verfügung zu stellen und Prüfungen zum Verständnis des Textes zu schreiben. Die Arbeit hätte die Veröffentlichung der 3. Ausgabe um ein bis zwei Jahre verzögert.

Die vorliegenden Interviews sind aber zum großen Teil noch erstaunlich aktuell, wenn man davon absieht, daß die neuen Länder der früheren DDR in den Gesprächen nicht einbezogen sind. Statistiken, wenn sie gegeben werden, stimmen natürlich oft nicht mehr, aber das wird sogar schon auf den neuen Text zutreffen, dessen Neubearbeitung neun Monate vor Erscheinung des Buches auf dem Markt abgeschlossen war. Mit Hilfe der kostenlosen wöchentlich erscheinenden Deutschland-Nachrichten und anderen Zeitungsartikeln können diese Zahlen im Klassengespräch immer leicht auf den neuesten Stand gebracht werden.

Als Übung zum Hörverständnis bleibt der Wert dieser Interviews natürlich unverändert. Ich hoffe aber, mit oder auch schon vor der nächsten Ausgabe des Buches ein ganz neues Tonbandprogramm, auch von besserer Tonqualität, anbieten zu können.

Doris Fulda Merrifield



ISBN 0-471-00873-7

Printed in the United States of America

10 9 8 7 6 5 4 3 2 1

## TO THE INSTRUCTOR

The transcription of the interviews is literal which means that you occasionally come upon a faulty sentence structure. Where it could make the comprehension difficult, I have suggested a correction in brackets < >. In most cases, though, the same type bracket indicates the insertion of a few words by the interview partner who is not presently giving his/her view.

The long lists of vocabulary given under "Verständnishilfen" may look discouraging. However, the students are not expected to memorize them, and many of them are already somewhat familiar and would pose no problem if it were a written text. I recommend that the student glance over the list before listening to the tape and then follow along while listening for the first time. Ideally your school has the facilities to make copies for the students and blank tapes they provide. That way they can listen several times while driving or doing manual chores without extra time investment, and get accustomed to the pace and intonation of a naturally flowing conversation.

Here follows a key for those exercises where the students' comprehension is tested by their checking JA or NEIN.

Interview 2A, #1: JA for statements 1, 2, 4, 6, 7, 9, 11, 12, 14, 15, 17, 19, 20, 21, 22, 24.

Interview 2B: JA for statements 2, 4, 5, 8, 10, 11, 12, 14, 16, 17, 19, 21, 22.

Interview 2C: JA for statements 1, 2, 5, 7, 8, 9, 11, 12, 13, 15, 16, 17, 19, 22, 23.

Interview 3C: JA for statements 3, 4, 6, 8, 9, 12, 13, 15, 17, 18, 20, 21, 22, 24, 25, 28.

Interview 4A: JA for statements 1, 3, 4, 5, 7, 10, 11, 13, 15, 16, 19, 20, 22, 24, 25.

Interview 4C: JA for statements 1, 3, 6, 7, 8, 9.

Interview 4D: JA for 1, 2, 3, 5, 7, 8, 9, 14, 16, 17, 19, 21, 22.

Interview 5C: 1, 3, 4, 7, 8, 10, 11, 14, 15.

Interview 5D #1: 1, 2, 4, 6, 8, 9, 11, 12, 13, 16, 17.

CONTENTS

Tape 1, Side 1-(30:45)



(4:00) VORWORT ZUM TONBANDPROGRAMM

Hier spricht Doris Fulda Merrifield, die Autorin von *Deutsche Wirtschaftssprache für Amerikaner*, verlegt von John Wiley & Sons. Von den Universitäten, Colleges und Berufsschulen, die bisher den Text im Erstdruck benutzt haben, haben mehrere darum gebeten, in die zweite, erneuerte Ausgabe, zur Schulung des Hörverständnisses ein Tonbandprogramm zu integrieren. Hiermit lege ich es vor. Ich habe in verschiedenen Städten Deutschlands Interviews geführt und auf Tonband aufgenommen, zu jedem Kapitel in meinem Buch ein zum Thema passendes Interview. Zu Kapitel IIA und VD sind je zwei zur Auswahl da. Meine Gesprächspartner waren Politiker: Vertreter von drei Bonner Ministerien, Industrielle, Geschäftsleute, eine Ärztin, eine Auslandskorrespondentin, ein Handwerksmeister und ein Landwirt und der Präsident der Oberpostdirektion in Kiel und sein persönlicher Referent.

Bei so unterschiedlichen Gesprächspartnern mit ihrem eigenen Vokabular sind die Interviews natürlich nicht alle gleich leicht oder schwer zu verstehen. Es kommt dazu, daß einige Gesprächspartner langsamer und deutlicher sprechen als andere. Deshalb sind die zu den anspruchsvolleren Gesprächen gestellten Aufgaben leichter als die übrigen. Sie finden Sie im Buch im entsprechenden Kapitel, wo auch eine Liste von schwierigen, im Interview verwendeten Vokabeln und andere Verständnishilfen verzeichnet sind.

Fast alle Interviews waren brieflich vorbereitet gewesen, damit meine Gesprächspartner eine Ahnung hatten, was ich möglicherweise fragen würde. Es ergaben sich im Gespräch aber oft andere und neue Fragen. Mit Ausnahme vom Interview zu Kapitel IVC sprachen alle frei, d.h. ohne schriftlichen Text. Es sind also authentische Gespräche.

Die Syntax weicht oft ab von den Regeln für Wortstellung, die Sie gelernt haben. Das kommt daher, daß der Sprecher spricht, wie ihm die Worte einfallen.

Manchmal hören Sie ein Hintergrundsgeräusch. Da die Gespräche an Ort und Stelle aufgenommen wurden, und nicht in einem Labor, ließ sich das nicht immer vermeiden. Zum Glück beeinträchtigen sie in keinem Fall die Klarheit der Stimmen.

Noch eine Anmerkung: Es ist bei Deutschen üblich, daß Gesprächspartner, wenn sie beide einen Doktortitel haben, diesen Titel in der gegenseitigen Anrede nicht benutzen. Daher sagen z.B. Dr. Reichow und ich, obwohl ich ihn als Dr. Reichow vorgestellt habe, "Herr Reichow" und "Frau Merrifield" zueinander.

Hören Sie sich jedes Gespräch wenigstens dreimal an. Sie werden merken, daß Sie sich langsam hineinhören und jedesmal mehr verstehen. Wahrscheinlich brauchen Sie dazu die in Ihrem Textbuch gedruckten "Verständnishilfen."Ich wünsche Ihnen guten Erfolg dabei!

(7:50) INTERVIEW ZU KAPITEL I
Gespräch mit der Leiterin eines Reisebüros

A: Wir befinden uns heute morgen in Eckernförde in dem Reisebüro Linnekuhl, und meine Gesprächspartnerin ist Frau Vondenhoff.

Frau V., ich bin Ihnen sehr dankbar, daß Sie uns Ihre Zeit schenken. Sie haben Schlangen von Kunden unten stehen, und Sie müssen versuchen, sie alle zu befriedigen. Darf ich Ihnen trotzdem ein paar Fragen stellen , ja? --

Frau V: Ja, bitte.

A: Was sind zur Zeit die beliebtesten Reiseziele der Deutschen?

Frau V. Das sind laut Reiseanalyse 1986 Spanien, Italien, Oesterreich und Griechenland, und die Türkei hat in den letzten Jahren an Popularität sehr gewonnen. <A: Hm!> Für eine weite Reise fährt man gern nach den USA, aber das hängt immer stark vom Dollarstand ab. In diesem Jahr zum Beispiel wurde sehr stark USA gebucht.

A: Man sieht an allem, was Sie sagen ...abgesehen von den USA... daß die Deutschen die Sonne suchen, ja?

Frau V: Ja, nach einem langen Winter hier..

A: Kein Wunder, das ist bestimmt kein Wunder... und innerhalb der deutschsprachigen Länder, welche Orte sind da am populärsten?

Frau V: Da liegt Oesterreich voran und dann Bayern, vor allen Dingen Tirol, nech? <A: Tirol!> Und dann noch hier Schleswig-Holstein.

A: Schleswig-Holstein auch?

Frau V: Ja, ja, das wird sehr gern genommen.

A: Das erstaunt mich. Woran liegt das? Was meinen Sie?

Frau V: Ich würde sagen, erstmal es ist also landschaftlich sehr schön hier. Wir haben Wasser hier und Wald und die See ....und auch wenn das Wetter nicht so schön ist, man kann sich hier immer wohlfühlen...kann auch Ausflugsfahrten machen. Wir haben hier auch einige Sehenswürdigkeiten, zum Beispiel Schleswig oder Labü ...

A: Ja, den Amerikanern rate ich immer zu Norddeutschland, weil sie die Sprache besser verstehen können <Frau V: ja>. Sie haben keinen Münchner Dialekt hier <Frau V: nee>, mit dem sie fertig werden müssen. -- Gibt es noch Bauernhöfe hier in Deutschland, die Familien als Gäste aufnehmen, und helfen diese Gäste tatsächlich bei der Farmarbeit?

Frau V: Nein, also, es gibt Bauernhöfe, die nehmen sehr gerne Gäste, z.T. gibt es auch Ferienwohnungen auf Bauernhöfen <A:hm> nich, aber die Gäste arbeiten hier nicht mit <A: die arbeiten nicht mit>, weil das ist ja überhaupt nicht mehr möglich, nich. Die Kinder dürfen dann wohl mal mit dem Traktor mitfahren, und wenn Tiere im Stall sind noch oder auf der Weide, können sie denn dahin, nich? Aber es gibt leider auch nicht mehr so viel Tiere,

A: Die meiste Arbeit wird wohl auch maschinell gemacht <Frau V: ja!> Ja. -- Haben Sie auch mit Ausländern zu tun, die bei Ihnen Deutschlandreisen buchen? Und gibt es für diese besonders populäre Reiseziele?

Frau V: Ja also, damit haben wir sehr selten zu tun. Es kommt schon mal ein Amerikaner oder Australier, und die möchten denn am liebsten also Heidelberg, München, das sind so die Städte, auch Köln, nich? die müssen wohl die Ausländer, vor allen Dingen die Amerikaner, gesehen haben.

A: ja, die wollen alle das Münchner Bier trinken.

Frau V: Ja, ich weiß nicht. Schleswig-Holstein hier oben ist nicht so bekannt, aber wenn man erst mal hier war <A: ja?> dann ist man ganz begeistert, nich?

A: Ja, sogar Hamburg ist eine Stadt, die die wenigsten kennen, aber wenn sie dagewesen sind, dann haben sie lauter Gutes über Hamburg zu sagen <begleitet von vielen "ja"s von Frau V.> -- Ja...was ziehen die Deutschen im allgemeinen vor: nehmen sie lieber Zimmer mit Frühstück ... oder Halbpension... oder Vollpension...was raten Sie ihnen, wenn sie fragen?

Frau V: Ja, ich würde mal sagen, es kommt immer so auf die Familie an. Wenn's also... wenn's ein Ehepaar ist, die nehmen denn auch ganz gern Halbpension...also ich würde immer Halbpension nehmen, weil man hat abends...man geht in die Pension, zieht sich um, nich? macht sich n bißchen frisch und geht denn runter und weiß, hier hab ich meinen Platz, und hier kann ich essen. Also, wenn ich jetzt von Ort zu Ort gehe, nich, meistens ist es auch sehr voll, oder man muß vorher einen Tisch reservieren..

A: Also, Sie würden sagen, Halbpension ist ein guter Ratschlag. <Frau V:Ja!> Das bedeutet Frühstück und Abendessen <Frau V: gleichzeitig: Frühstück und eine Mahlzeit..., meistens Abendessen>. Aber das Abendessen ist dann nicht warm, nicht?

Frau V: Doch, doch <A: das ist warm?>, das ist dann warm.

A: Ja, und das Mittagessen, ist das nicht mehr warm?

Frau V: Doch, ist auch. Also, wenn man Vollpension nimmt, dann ist man sehr gebunden. Also, wenn Sie jetzt einen Ausflug machen oder machen ne Wanderung, und wenn Sie in den Bergen sind und sind oben, gucken jetzt auf die Uhr... ich muß um zwölf oder halb eins wieder in der Pension sein, also man ist ja nur am Rennen, nech <A: Ja!>. Also für ältere Leute, die nun nicht mehr so viel unternehmen, da würde ich denn auch immer Vollpension empfehlen, nich, so... A: Im übrigen, entweder Zimmer mit Frühstück oder Halbpension.

Frau V: Ja, und zum Teil ist es auch so, wenn sie Vollpension haben, dann wird es manchen zu viel, denn das reichhaltige Mittagessen und das reichhaltige Abendessen, nich? <A: Ja, das finde ich auch> und Familien..und der große Trend bei uns ist auch Ferienwohnungen, nich <A:ja..> Weil... die sind doch am preiswertesten...

A: Ferienwohnungen, die eine Küche haben...

Frau V: Ja, nich, daß die Leute sich denn selbst verpflegen und ab und zu mal essen gehen ...gerade wenn man hier in Schleswig-Holstein ist und geht essen...es kann ganz schön teuer werden. Ne Familie mit zwei Kindern, da werden Sie schon hundert Mark pro Tag los <A:pro Tag?> Nee, pro Essen. Es kommt immer drauf an, was man ißt <A:Ja...> Also man braucht nicht viel zu essen. Nich, wenn Sie jetzt zu den preiswertesten Lokalen gehen, wo die Ausländer, nich, Griechen oder Spanier oder...ja...Jugoslawen, da wird man für sein Geld satt, aber, wie gesagt, das kostet auch schon hundert Mark mit Trinken und Essen...

A: Ja, ja, das Trinken, das ist für einen Amerikaner besonders auffällig. Wir bekommen unser Wasser immer umsonst, und hier bezahlt man zwei Mark oder zwei Mark fünfzig für so eine kleine Flasche Mineralwasser. Das ist unangenehm. --Ja, Sie sagten vorhin, daß der niedrige Dollarstand dazu führt, daß viele Deutsche nach Amerika reisen.

Frau V: Ja, das stimmt. Auch im vorigen Jahr haben wir viele Reisen nach USA gebucht, auch Rundreisen, und welche, die nehmen nur ' nen Flug, und es gibt auch viele in Eckernförde, die Verwandte drüben haben oder Bekannte, nich?

A: Ja, für Deutsche ist das ein sehr gutes Jahr...

Frau V: Ja, doch, wirklich...

A: Ich habe allerdings auch gehört, daß mehr Amerikaner denn je nach Europa kommen, trotz des schwachen Dollars, weil sie es letztes Jahr aufgeschoben haben, wegen der Terroristengefahr...

Frau V: Ja, das stimmt, da haben besonders die im Süden, in Bayern und so darunter gelitten...

A: Wir waren in der Schweiz und haben es gemerkt <Frau V: Ja!> Die Hotels standen zur Hälfte leer. -- Ja, Frau Vondenhoff, ich bin Ihnen sehr dankbar für die Minuten, die Sie freimachen konnten <Frau V: Ja!> und verabschiede mich dann von Ihnen <Frau V: Ja!> Auf Wiedersehen!

Frau V: Auf Wiedersehen!

(18:55) INTERVIEW ZU KAPITEL IIA, #1
Gespräch mit einem Unternehmensberater

Wir befinden uns heute in Hamburg-Rissen, und mein Gesprächspartner ist Herr Dr. Reichow, der ein Diplom als Ingenieur hat und jetzt Unternehmensberater ist.

A: Herr Reichow, ich glaube, Sie haben mir gesagt, daß Sie schon 30 Jahre in der Industrie in verschiedenen Funktionen gewirkt haben. Können Sie uns vielleicht kurz etwas darüber berichten?

Herr R: Gerne, Frau Merrifield. Ich bin zunächst fünf Jahre in der Forschung auf den Gebieten der Raumakustik und der Atomphysik tätig gewesen nach meinem Diplom im Jahre 1956, und habe dann meine erste Industrietätigkeit sechs Jahre mit Entwicklung und Erprobung von Unterwasserschallanlagen verwendet, während ich anschließend weitere sechs Jahre im System Management größere Marinewaffensysteme an leitender Stelle mitgewirkt habe. Dann habe ich mich kurz entschlossen in einen zivilen Bereich begeben und habe die Verantwortung für Entwicklung und Vertrieb einer mittleren Firma für die Produktion von Kabelfehlerortungsgeräten übernommen and dann anschließend fünf oder sechs Jahre, von 1980 bis 1986, als Geschäftsführer der Firma Hagenuck für den Bereich Produktion und Qualitätswesen verantwortlich zu zeichnen.

A: Und wie sind Sie heute Unternehmensberater geworden...oder...?

Herr R: Nun, nachdem man über ein so breites Spektrum teils wissenschaftlicher, teils industrieller Tätigkeiten verfügt, ist eigentlich kaum eine Frage offengeblieben, die man nicht nach kurzer Vorbereitung auch heute beantworten könnte.

A: Wie schön, wenn man alles gelernt hat und in diesem Umfang beraten kann! --Man sagt in unserer Gesellschaft immer mehr, oder man sieht in unserer Gesellschaft immer mehr eine Entwicklung zu einer Dienstleistungsgesellschaft hin. Wo bleibt da am Ende die Produktion, oder welche Rolle kann die Produktion, soll die Produktion noch spielen?

Herr R: Das ist richtig, der Bedarf an Dienstleistungen hat in den letzten dreißig Jahren laufend zugenommen, die Lebensqualität, die wir gewohnt sind, fordert dies...trotzdem ist es unverkennbar, daß die Produktion einen wichtigen Stellenwert in jedem Fall behalten wird, denn der Bedarf an Gütern insbesondere des gehobenen Bedarfs hat sich ebenfalls erhöht. Nur müssen wir erkennen, daß die Produktion nicht mehr um jeden Preis machbar ist, sondern wir müssen rationalisieren, wir müssen menschliche Arbeitskraft durch maschinelle ersetzen, und und wir müssen Dispositions- und Steurungssysteme einsetzen, um im Wettbewerb produzieren zu können, das heißt kostengünstig produzieren zu können.

A: Mhm. Ohne Produktion keinen Handel, Ja? Wenn es keine Produktion mehr gäbe, gäbe es auch keinen Handel mehr.

Herr R: Sie sagen es, und zum anderen ist es natürlich so, daß wir uns auch verantwortlich fühlen, einer möglichst großen Zahl von Menschen gute Arbeitsplätze in der Produktion zu beschaffen. Dieses ist natürlich auch heute eine Frage der Vorbildung dieser Arbeitskräfte. Ich will nicht leugnen, daß es trotz einer durchschnittlichen Arbeitslosenzahl von etwas über 2 Millionen Menschen in Deutschland innerhalb der letzen fünf Jahre schwierig ist, bestimmte Fachkräfte mit einer entsprechenden Vorbildung zu finden auf dem Arbeitsmarkt, und die Statistiken weisen ganz eindeutig aus, daß der Großteil dieser Arbeitslosen mangelnd qualifiziert ist, nicht ausreichend qualifiziert ist.

A: Ja, und wo sehen Sie die Schwerpunkte in der Industrie für die Zukunft?

Herr R: Einen hatten wir schon ganz kurz angerissen: Automation, das heißt, wir dürfen den Roboter nicht verteufeln, sondern wir müssen lernen, mit ihm zu leben als Kollege Roboter. Zum anderen, ganz wichtige Produktivitätsreserven stecken noch in der Organization der Produktion. Es entsteht noch viel zu viel Leerlauf, es liegt viel zu viel Material rum, anstatt bearbeitet zu werden, das heißt, wir müssen die Durchlaufszeiten in der Produktion drastisch verkürzen. Damit schlagen wir gleich zwei Klappen... <Beide gleichzeitig:>Zwei Fliegen mit einer Klappe, nämlich wir können schneller auf die Bedürfnisse des Marktes reagieren, weil die Durchlaufszeit kürzer geworden ist, und wir sparen Kosten, denn ruhendes Material kostet genauso Zinsen wie Material, das in der Bewegung sich befindet.

A: Ja, bei Schwerpunkten dachte ich auch an die Industrie.. also zum Beispiel Schwerpunkte in der Autoindustrie oder in der Datenverarbeitung ...ist da etwas abzusehen, wie die Entwicklung gehen wird?

Herr R: Nun, in meiner jetzigen Funktion als Berater für insbesondre Innovationsfragen, beschäftige ich mich ja sehr stark mit der Frage, in welche Richtung es sich lohnt zu investieren, also insbesondere geistig zu investieren, neue Entwicklungen anzustellen, und da ist sicherlich ganz wichtig an vorderer Front zu nennen die Mikroelektronik, die durch ihre noch vor einem Jahrzehnt ungeahnten Möglichkeiten nicht nur das Leben angenehmer zu gestalten gestattet, sondern eben gerade auch die Produktionsprozesse wesentlich zu rationalisieren erlaubt. Ich meine, daß darüber hinaus die Kraftfahrzeugindustrie weiterhin einen wesentlichen Anteil am Bruttosozialprodukt behalten wird, auch wenn wir uns bewußt sein müssen, daß hier noch viel getan werden muß, um das Kraftfahrzeug umweltverträglicher, weniger Energie verbrauchend zu machen, denn der Individualverkehr ist der am meisten Energie verbrauchende Verkehr, den wir kennen. -- Ich möchte aber noch einen anderen Aspekt in der Produktion ansprechen, und das ist die Qualitätssicherung. Hier haben uns...

A: Sie haben lange in der Qualitätskontrolle gearbeitet, ja?

Herr R: Ja, im Rahmen meiner letzten Funktion in der Industrie war ich auch für diesen Bereich mitverantwortlich, und diese Jahre waren dadurch gekennzeichnet, daß auf vielen Bereichen des gehobenen Investitionsgüterbereiches die Japaner eine führende Stellung im Weltmarkt sich errungen haben. Warum? Bei einer genaueren Analyse stellte man fest, daß es keineswegs nur vordergründig die billigeren oder günstigeren Preise der Produkte waren, sondern ganz besonders hat ihnen zu diesem Erfolg die hohe Qualität ihrer Produkte verholfen, denn der Kunde ist heute durchaus geneigt und meistens auch in der Lage, ein bißchen mehr für ein Produkt auszugeben, aber was er erwartet, ist, daß es seinen Wünschen voll entspricht, und in diesem Sinne meine ich mit Qualität auch etwas mehr als die Funktionssicherheit des Produktes, sondern ich meine auch die Befriedigung der gerechtermaßen vom Kunden erwarteten Funktionen und Leistungsmerkmale, und darüber sich zunächst im Rahmen sorgfältiger Marktanalysen den Kopf zu zerbrechen und dann angepaßte Produkte zu entwickeln, ist die Voraussetzung, um schließlich in der Produktion bei strenger Qualitätssicherung, und dies ist nicht durch strengere Observierung oder Beobachtung der Produktion zu erreichen, sondern es ist eine Erziehungsaufgabe, eine Ausbildungsaufgabe für unsere Mitarbeiter, und sie setzt einen hohen Grad der Eigenverantwortung am gesamten Erfolg eines Produktionsunternehmens bei jedem Mitarbeiter voraus, und da waren uns zumindest zeitweilig die Japaner überlegen, die in einer ausgezeichneten Disziplin die an sich nicht neuen Gedanken... sondern diese.. gerade Theorien zur Qualitätssicherung stammen zu einem großen Teil aus den USA oder auch aus Deutschland...sind also längst bekannt gewesen, aber von den Japanern sehr gut gelernt und dann sehr diszipliniert befolgt worden.

A: Da hab ich eine interessante Anmerkung zu machen. Ich bin in einem Seminar gewesen mit dreißig Germanisten, darunter auch Japanern, und ich habe sie gefragt, warum studieren Sie Goethe oder deutsche Literatur, und daraufhin haben mir alle drei Japaner gesagt, es ist die Qualität der Deutschen oder der deutschen Produkte , es ist die Perfektion, die sie anzieht. Daher studieren sie deutsche Literatur. Das nur als Anmerkung...ich hätte noch zum Schluß eine Frage an Sie, und das ist, was das deutsche Handwerk anbetrifft. Sie sprachen vorhin von Rationalisierung, die notwendig ist, damit wir...oder damit die BRD konkurrenzfähig bleibt. Sehen Sie trotzdem noch eine bedeutende Rolle für die Handwerker?

Herr R: Durchaus. Ja! Das Handwerk hat in Deutschland im Grunde genommen drei Aufgaben. Ich fange vielleicht mit der Ihnen unbekanntesten an, nämlich der Ausbildung. Das Handwerk ist bei weitem der größte, zahlenmäßig der größte Ausbilder innerhalb der Bundesrepublik Deutschland. Die Industrie bildet zwar auch aus, aber kommt in der Summe bei weitem nicht auf so viele Lehrstellen wie das Handwerk. Daneben ist natürlich das Handwerk unverzichtbar für die Befriedigung individueller Ansprüche dort, wo es also nicht auf die Reproduktion in großen Stückzahlen von ausgeknautscht entwickelten Produkten geht, sondern wo, ich möchte mal sagen, quasi kunsthandwerklich die individuellen Wünsche anspruchsvoller Privatpersonen befriedigt werden können...

A:...die sich den Preis leisten können für diese handwerkliche Arbeit.

Herr R: Genau, man muß klar sehen, daß solche Leistungen ein bißchen... oder wesentlich teurer sind als industriell rationalisiert erbrachte Leistungen, aber es besteht ein Markt dafür, und entscheidend ist letzten Endes, wofür ein Markt besteht. Und schließlich und endlich ist das Handwerk der Dienstleister schlechthin, denn alle Güter, die die Industrie liefert, sollen erhalten, repariert, gewartet werden, und das gleiche gilt natürlich für das gesamte Bauhandwerk. Dazu ist allerdings zu sagen, daß das Handwerk in den letzten Jahren, vielfach gar nicht ausreichend in der Lage war, zum Beispiel die Reparaturbedürfnisse im Bauwesen zu befriedigen, und das ist auch einer der Gründe mit, warum auch heute in Deutschland so viel über die Schattenwirtschaft oder auch über die Schwarzarbeit geklagt wird, denn wesentliche prozentuale Anteile des Bruttosozialproduktes werfen keine Steuer und Sozialversicherungsbeiträge ab, weil sie schwarz erbracht werden.

A: Ich kann mir denken, daß das nachlassen wird mit der geringeren Zahl von Bauten, die, wie Sie vorhin mir erzählten, hergestellt werden. Das Baugeschäft hat sich verlangsamt, so daß die Handwerker nicht mehr aufs Bauen von neuen Häusern so versessen sein können, sondern mehr Zeit für Reparaturen haben. Glauben Sie, daß das möglich ist?

Herr R: Richtig, Frau Merrifield. Es sind zwei Tendenzen, die in letzter Zeit sehr an Raum gewonnen haben: Einmal ist es tatsächlich möglich heute, einen Handwerker in angemessener Zeit zu bekommen. Man braucht sich nicht mehr das Ohr wund zu telefonieren, wenn eine Reparatur im Hause zu machen ist, und zum andern haben sich sehr viele Handwerksbetriebe darauf spezialisiert, alte Häuser möglichst unter Beibehaltung wesentlicher Stilmerkmale zu restaurieren, und diese Art der Tätigkeit gibt einen guten Rahmen gerade für qualifizierte Handwerksbetriebe.

A: Und der wird nicht von der Industrie ersetzt werden können?

Herr R: Kann er überhaupt nicht, denn hier geht es darum , daß wirklich handwerkliches Können, Liebe zum Detail und auch Phantasie im Entwurf oder in der überbrückung von Dingen, die nicht vorgeschrieben sind durch Konstruktionszeichnungen oder so erfolgen können. Ich weiß nicht, ob Ihnen bewußt ist, daß diese Art insbesondere der handwerklichen Ausbildung eigentlich einmalig auf der Welt ist. Deutschland hat hier einen Fundus, der -- und das wird wohl auch mit Neid von manchen anderen Ländern beobachtet-- immer wieder zu hochqualifizierten Facharbeiten geführt hat.

A: Ja, daß man hier drei Jahre in die Lehre geht, meinen Sie das? daß man nicht, wie in Amerika, kurz angelernt wird und dann einen Job bekommt, sondern daß man hier wirklich fachlich für einen Bäcker, oder für eine Schneiderin oder als Schuster mit einer so gründlichen Lehre ausgestattet wird. Meinen Sie das?

Herr R: Ich meine, daß man e i n Handwerk einmal gründlich lernt, nachdem man die Schulbildung abgeschlossen hat und damit wirklich eben manuelle Fähigkeiten und geistige Fähigkeiten gleichermaßen trainiert, das ist schon eine besonders gute Situation, auch wenn man das betroffene Handwerk nachher selbst gar nicht ausübt...die Basis, die man dadurch gewonnen hat, erleichtert einem den Eintritt auch in jede andere Berufssparte.

A: Ja, Herr Reichow, leider ist unsere Zeit vorbei, und ich möchte mich bei Ihnen herzlich bedanken, daß Sie mir die Zeit vergönnt haben, Ihnen diese Fragen zu stellen.

Herr R: Nun, ich freue mich und hoffe, daß Ihre amerikanischen Schüler <A: Studenten!> oder Studenten einen kleinen Eindruck von meiner Sicht der Produktionsfragen mitnehmen können, bin selbstverständlich gern bereit, auch mal nach drüben zu kommen und etwas länger darüber zu reden...

A: Hm...ja, wunderbar...das werden wir den entsprechenden Universitäten sagen, damit sie Sie einladen können. Auf Wiedersehen dann!

Herr R: Auf Wiedersehen, Frau Merrifield!

End of Tape 1, Side 1

Tape 1, Side 2-(28:20)

(11:55) 2. Interview zu Kapitel IIA
Gespräch mit einem Handwerksmeister, einem Elektro-Installateur

A: Wir befinden uns heute in Eckernförde, und mein Gesprächspartner ist Herr Westphal. -- Herr Westphal, Sie sind Elektriker von Beruf, ja?

Herr W. Ja, gelernter Elektriker, nicht <A:gelernter Elektriker?> Ja, das heißt genau Elektro-Installateur. Der Elektroberuf ist, glaube ich, 'n büschen zu knapp gesagt, es gibt, glaube ich, zur Zeit achtzehn Elektroberufe.

A: O Gott! Und ich habe gehört, Sie sind Innungsmeister?

Herr W. Nein, bin ich nicht...das hatte ich gestern schon am Telefon erwähnt. Ich bin nie Innungsmeister gewesen. Das heißt dann nicht Meister,nicht, es heißt dann Obermeister. Ich war mal ne Zeitlang stellvertretender Obermeister.

A: Wenn Sie sagen, Sie sind gelernter Elektriker, bedeutet das, daß Sie Geselle gewesen sind, daß Sie Lehrling gewesen sind.

Herr W: Zuerst Lehrling, dann Geselle, und dann muß man eben, wenn man möchte, die Meisterprüfung ablegen, um eben Elektro-Installateurmeister zu werden.

A: Sie haben Ihren Meister gemacht, ja?

Herr W: Ja!

A: Das bedeutet, daß Sie Lehrlinge ausbilden dürfen...

Herr W: Das bedeutet, daß ich Lehrlinge ausbilden darf... und nicht nur Lehrlinge ausbilden darf, daß ich eben auch die Konzession erwerben kann, eben um meinen Beruf auszuführen. Ich darf ihn nicht ohne weiteres ausführen, ich muß dazu einen Antrag bei dem EVU, so sagen wir, dem Energieversorgungsunternehmen, erstellen, um eben diesen Beruf ausüben zu dürfen; es darf nicht jeder, er muß erst die Genehmigung dazu haben.

A: Ja, das ist bei uns in den Staaten auch, daß man Genehmigung braucht, aber der Ausbildungsweg ist da nicht so vorgeschrieben wie in Deutschland, und ich glaube, er ist im allgemeinen im Handwerk nicht so gründlich. Zunächst einmal werden als Lehrling, glaube ich, werden drei Jahre <Herr W: dreieinhalb!> dreieinhalb sogar in Ihrem Beruf...und ist da neben der praktischen Ausbildung auch eine theoretische...

Herr W: Eine schulische Ausbildung.

A: Bedeutet das, daß sie zweimal die Woche oder einmal die Woche...

Herr W: Ja, einmal in der Woche geht der Lehrling oder Auszubildende, wie das heute heißt, in die Berufsschule und absolviert mehrere Lehrgänge innerhalb seiner Lehrzeit in einer Ausbildungswerkstatt in Schleswig für uns zuständigen.

A: Und wenn er diese dreieinhalb Jahre absolviert hat und eine Prüfung bestanden hat, nehme ich an... wird da eine Prüfung gegeben?

Herr W: Die Gesellenprüfung, ja..

A: Ja, die Gesellenprüfung -- dann ist er Geselle -- wozu berechtigt ihn das?

Herr W: Um Meister zu werden, wenn wir das gleich so weiter sagen wollen, muß er erst Geselle sein, und zwar...

A: Er muß nicht Meister werden, wenn er Geselle ist...

Herr W: Er muß nicht Meister werden, wenn er aber Meister werden will, muß er zumindest die Gesellenprüfung haben und muß fünf Jahre im Beruf gearbeitet haben. Eher wird er nicht zur Meisterprüfung zugelassen.

A: Aber er könnte als Geselle unter einem Meister zum Beispiel sein Leben lang weiterarbeiten, ja?

Herr W: Selbstverständlich. Dazu muß man noch sagen, der Geselle ist eben berechtigt, alleine arbeiten zu können, ohne daß ein Meister unbedingt da sein muß. Der Meister gibt ihm die Arbeit auf, teilt ihn ein; das ist also meistens der Chef oder der Abteilungsleiter, je nachdem, in welcher Funktion der Meister eben steht, und er teilt eben diesen Gesellen oder mehrere Gesellen in diese Arbeit ein.

A: Mhm...aber es muß ein Meister sein, der die Gesellen beauftragt, etwas zu tun, ja?...Also sagen wir mal...

Herr W: Um ein Geschäft, ein Elekto-Installationsgeschäft führen zu können, muß ich Meister sein.

A: Ja...nein, das verstehe ich, aber sagen wir mal, ein Neubau wird erstellt, und ein Elektriker wird gebraucht, kann da einfach ein Geselle hingehen und die Arbeit machen..

Herr W: Nein, er muß die Konzession haben, und die Konzession kann man eben nur über den Meisterbrief bekommen.

A: Und der Meisterbrief, wie Sie sagten: man muß erst Geselle sein, und dann noch fünf Jahre praktische Arbeit haben...

Herr W: So ist es, ja...

A: Und sind da auch noch Lehrgänge in den fünf Jahren zu absolvieren...

HerrW: Nein, nein, Sie gehen vorher zu einem Meisterkursus oder zu einer Meisterschule -- es gibt eine Meisterschule in der Gegend von Heide -- Meldorf, glaube ich, ist das, oder Sie machen das in Wochenendschulung in Flensburg in der Handwerkskammer.

A: Nach den fünf Jahren?

Herr W: Nein, das können Sie schon vorher...die Schulung können Sie schon vorher machen. Sie werden aber meistens erst nach fünf Jahren zur Meisterprüfung zugelassen.

A: Wie umfangreich ist die Schulung...ich meine, wie lang sind die Lehrgänge...sind das noch wieder Jahre von Schulung?

Herr W: Meine Zeit ist nun schon "n büschen her...ich war 1958... glaube ich, habe ich die Prüfung gemacht, da bin ich zwei Jahre nach Flensburg gefahren, jedes Wochenende, und hab da die Schule besucht, nicht?

A: Das ist erstaunlich!

Herr W: Das heißt, das war nur möglich, das außerhalb der Arbeitszeit zu machen, schon aus finanziellen Gründen. Heute, glaube ich, hilft Vater Staat 'n bißchen mit, es gibt Zuschüsse vom Arbeitsamt in dieser Zeit der regulären Schule; die dauert dann auch nicht so lange, die ist, glaube ich, dann nur ein Jahr, und man wird dann eben auch schon zur Meisterprüfung zugelassen. Die Meisterprüfung ist wieder die gleiche, ganz egal, ob Sie die Schule machen oder die Kurse machen, die ist dann in irgendeiner Handwerkskammer, entweder in Flensburg oder auch in Lübeck gibt es noch eine zweite, nicht?

A: Bilden Sie Lehrlinge aus? <Ja!> Haben Sie zur Zeit welche?

Herr W: Noch einen.

A: Ich hab in der Zeitung gelesen, daß da Schwierigkeiten mit dem Nachwuchs der Handwerker bestehen...betrifft das auch Ihr Fach?

Herr W: Nein, das glaube ich nicht. Wir haben eigentlich noch 'nen sehr sehr guten Zulauf. Technische Berufe im allgemeinen werden wohl doch ein bißchen mehr auserwählt, vor allen Dingen darf der Beruf wohl nicht zu schmutzig sein, nicht? <Gelächter!> Da wollen, glaube ich, die jungen Leute nicht so richtig...

A: Elektriker ist besser als Klempner, nicht?

Herr W: Ja, es wird natürlich vielfach auch 'n bißchen verkannt, der Elektroberuf spielt sich ja doch zum größten Teil doch im Neubau aus, und der Neubau ist nun nicht der sauberste Arbeitsplatz, nicht? Viele Jungs, die, glaube ich, sehen das von Anfang an ein bißchen falsch, da kommt es vielleicht schon wieder zur Sprache, wieviele Elektroberufe gibt das, nicht?

A: Ja...also wie Sie sagen, Ihre meisten Aufträge kommen von Neubauten her, stimmt das?

Herr W: Neue Bauten, das heißt, das Wort "Installation" sagt es schon, wir stellen Anlagen in Räume...anders geht's nicht...es kann natürlich auch im Freien sein...Straßenbeleuchtungen gehören letzten Endes auch dazu, das ist auch 'ne Installation...

A: Ja, aber wie ist es mit Reparaturen von Häusern, die schon stehen?

Herr W: Selbstverständlich, ja, ja...

A: Aber das ist nicht der größere Teil...

Herr W: Wir haben den ebenso gerne...das ist lukrativer.

A: Tatsächlich?

Herr W: Ja, ja, da wird Zeit und Material bezahlt nach Aufwand. Dagegen ein Neubau, den müssen Sie erst anbieten nach bestimmter Fragestellung, und zu diesem Preis müssen Sie eben eine gewisse Zeit halten. Das heißt, Sie müssen im voraus schätzen, wie lange ein Geselle oder Lehrling, je nachdem welche Arbeit da ausgeführt wird, dazu braucht. Und wenn er nun 'nen büschen länger braucht, dann hat man Pech gehabt, nicht?

A: Ja, dann hat man Pech gehabt.

Herr W: Ja, und wenn er schneller macht, dann hat man auch mal Glück gehabt! Aber da kommt gleich dazu, daß der billigste immer die Arbeit bekommt, nicht?

A: Ja, sicher. -- Ist bei Ihnen in der Familie schon eine Tradition? <Nein!> Nein? Ihr Vater war nicht Elektriker, Und auch Ihr Großvater nicht? <Nein!> Nein? sie sind der erste?

Herr W: Mein Vater war Förster, und mein Großvater war Bauer.

A: Aha. Und haben Sie Kinder, die vielleicht in der Elektrik weitermachen werden?

Herr W: Auch nicht. Eine Tochter, aber die ist technische Zeichnerin. Die hat ihren Beruf schon.

A: Ja, die hat ihren Beruf schon. Sie sind also dann <lachend> wahrhaft einzigartig...

Herr W: Nein, einzigartig bin ich nicht <Gelächter>.

A: Ja, Herr Westphal. Ich glaube, damit haben Sie uns die wichtigsten Fragen beantwortet..

Herr W: Und es hat nicht mal wehgetan...

A: Es hat nicht mal wehgetan...ich bin Ihnen sehr dankbar für die Zeit, die Sie mir dafür geopfert haben.

Herr W: Wenn das ausreicht, ich weiß nicht, ob Sie da noch irgendwie technische Fragen wissen wollen...

A: Nein, technische Fragen, glaube ich, sind hier nicht...

Herr W: Ja, der allgemeine Ausbildungsweg, nicht?

A: Ja, der allgemeine Ausbildungsweg ist interessant, weil er eben in Amerika anders ist.

Herr W. Dazu kann man vielleicht zur Lehrlingszeit noch sagen, daß auch während dieser Ausbildungszeit als Lehrling Zwischenprüfungen absolviert werden müssen. Der Stand, die Qualifikation dieses jungen Mannes wird schon im Laufe der Zeit eigentlich geprüft.

A: Das ist gut. Also es ist nicht so, daß er nach dreieinhalb Jahren plötzlich geprüft wird und durchfallen kann.

Herr W: Nein, man soll sein Leben eigentlich schon 'n bißchen früher studieren...und auch darauf aufmerksam machen, wenn man eben merkt, er schafft es nicht...wissen Sie, auf jeden Fall...

A: Ja, da ist doch noch eine Frage, die mich sehr interessieren würde. Schwarzarbeit ist heute ein viel debattiertes Thema...

Herr W: ein sehr schwieriges Kapitel auch, nicht?

A: Trifft das auch in Ihrer Branche zu?

Herr W: Ja, es trifft in soweit zu, soweit eben die Arbeit nicht mehr unter einer Kontrolle steht, das heißt, ein Neubau muß bei einem EVU gemeldet werden über einen zugelassenen Elektriker. Damit ist eine Abgrenzung der Schwarzarbeit auf jeden Fall möglich. Reparaturarbeiten sind natürlich nicht zu kontrollieren, und da wird natürlich auch schwarz gearbeitet.

A: Ja. Wer macht diese Schwarzarbeit? Sind das Arbeitslose? Oder sind das... <Nein!> Leute, die gerne dazu verdienen möchten...

Herr W: Leute in allen Richtungen, die gern ein paar Mark dazu verdienen...das fängt beim Minister an <Gelächter!> und hört beim kleinsten Mann auf.

A: Tatsächlich! Ja...

Herr W: Wenn ein Minister irgendwo einen Vortrag hält – nun kommen wir ins Politikum – dann macht er auch Schwarzarbeit, nicht?

A: Mhm. Das wird dann nicht bei der Steuer erklärt.

Herr W: Das ist allerdings m e i n e Auffassung...<Gelächter>

A: Ja, Herr Westphal, jetzt wird es gefährlich! Wir hören vielleicht lieber auf <Gelächter>...und ich verabschiede mich von Ihnen mit allerbestem Dank. Auf Wiedersehen!

Herr W: Bitteschön!

## (16:25) INTERVIEW ZU KAPITEL IIB
### Gespräch mit einem Landwirt

A: Ich befinde mich heute morgen in Koldenbüttel im Lande Schleswig-Holstein, und mein Gesprächspartner ist Herr Honnens. Er ist Landwirt auf diesem Hof und hat liebenswürdigerweise seine Arbeit ein paar Minuten stehen lassen. Es ist Erntezeit, und es drängt sehr, denn für morgen ist schon wieder schlechtes Wetter angesagt. -- Herr Honnens, Sie haben dieses Jahr nicht sehr viel Glück mit dem Wetter gehabt, stimmt das?

Herr H: Nein, das Wetter spielt in diesem Jahr nicht mit. Wir sind ziemlich in Zeitdruck im Moment mit der ganzen Arbeit. Das waren wir schon den ganzen Sommer. Mit der Heuernte hat es nicht geklappt, mit der Getreideernte sieht es nicht besser aus.

A: Die Heueernte ist verregnet?

Herr H: Die Heuernte ist...wer Heu gemacht hat, das ist meistens total verregnet. Wer Silo...also der Futter gemacht hat, der hat, wenn das geklappt hat, hat er Glück gehabt. Ansonsten war das in diesem Jahr schwierig.

A: Und Sie sind jetzt dabei, das Getreide zu ernten?

Herr H: Ja, wir machen jetzt erstmal den zweiten Schnitt...Grünland, also Gras, und heute sollen wir auch Wintergerste dreschen, und wenn es klappt, auch noch Raps.

A: Mhm. Und dafür brauchen Sie ja absolut trockenes Wetter, ja? Sonst verrottet das Getreide auf dem Feld.. Ist das so?

Herr H: Ja, wir haben jetzt zwei Tage Sonnenschein, und ich hoff' ja, daß die Kornfeuchte unter 20% liegt.

A: Aha. So muß das sein, bevor Sie etwas ernten können?

Herr H: Nein, wir müssen...15,5% Feuchtigkeit darf das Getreide nur haben und der Raps nur 9%, aber diese Werte werden wir in diesem Jahr wohl nicht erreichen, und deshalb muß das alles nachgetrocknet werden und ist natürlich ... <A: das wird kostspielig> kostenaufwendig.

A: Sind Sie auf diesem Hof geboren?

Herr H: Ja!

A: Ja? Ihre Eltern waren also auch Landwirte?

Herr H: Ja, dieser Hof ist schon seit Besiedelung der

Herrenhallig im Familienbesitz...

A: Und wie lange ist das her?

Herr H: Der erste Hof wurde 1634 hier erbaut.

A: Donnerwetter! Und glauben Sie, daß der Hof auch nun an weitere Generationen von Ihnen überliefert wird? Ich glaube, ich habe gehört, Sie haben drei Töchter...

Herr H: Ja, wir haben drei Töchter, aber wie das jetzt in der Landwirtschaft aussieht, bin ich eigentlich froh, daß da noch keiner den Hof übernehmen will. Die Situation ist tatsächlich so schwierig im Moment ... das macht keinen Spaß mehr.

A: Das ist wirklich traurig. Ich habe sehr viel in deutschen Tageszeitungen darüber gelesen. Bei manchen heißt es ja, die Bauern stöhnen mehr, als gerechtfertigt ist, aber in andern heißt es, daß es wirklich ein ganz schwieriges Problem ist, wie es auch in den Staaten ganz ähnlich ist, wo viele Landwirte verkaufen müssen, weil sie einfach nicht mehr finanziell den Hof halten können. Ironischerweise liegt das ja alles an einem Zuviel und nicht Zuwenig, stimmt das? Ich meine, daß überall überproduziert wird und dadurch die Preise gedrückt werden, wenn sie nicht von der Regierung durch Geld subventioniert werden.

Herr H: Ja, das stimmt alles. Wir laufen dieselbe Tour, wie Amerika das gemacht hat. Die EWG hat uns die Preise garantiert, und die EWG ist gut für die deutsche Landwirtschaft gewesen. Bloß die Entscheidungen, die da getroffen werden, werden oftmals nur politischer Art sein. Hier und da sind Wahlen. Dann kann man nicht machen, was sachlich richtig gewesen wär'. Die hätten die Überschüsse gar nicht haben brauchen, wenn man rechtzeitig die Weichen gestellt hätte, wie man jetzt vor drei vier Jahren bei der Milch gemacht hat, hätte man das schon in allen Sparten, wie Wein, Getreide in irgendeiner Form regeln können, aber das läßt sich politisch nicht durchsetzen, und das ist eben...

A: ...weil die Wähler dann nicht zur Stange halten.

Herr H: Ja, die Wählerstimmen werden erkauft durch die Überschüsse.

A: Was hat man mit der Milch gemacht...was da geholfen hat?

Herr H: Man hat die Milch quotiert. Das heißt man hat...am Anfang durfte jeder elf Prozent weniger liefern. Von fünfzehn bis achteinhalb Prozent wurden einem abgezogen, ob man vorher die Milchwirtschaft ausgedehnt hat oder nicht, das spielte gar keine Rolle, und für dieses Jahr werden uns noch mal achteinhalb Prozent gekürzt. Das ist zwar ein harter Schlag, aber wenn dadurch die Überschüsse abgebaut werden und die Preise stabil bleiben für Milch, denn läßt sich das verkraften, weil man schon weiß, Trinkmilch wird schon knapp, und die Preise ziehen etwas an. Das Problem ist eben, daß die Milch im Herbst ziemlich knapp wird, weil die Anlieferungen dann saisonmäßig gering sind, und da haben dann die Meiereien Schwierigkeiten, ihre Lieferverträge einzuhalten.

A: Tatsächlich? Also im Herbst wird es zu knapp?

Herr H: Im Herbst wird es zu knapp. Im Herbst bis Weihnachten haben Meiereien Schwierigkeiten, die Lieferverträge an den großen Konzern einzuhalten.

A: Milch läßt sich auch nicht gut frieren und lagern, nur in Form von Milchpulver.

Herr H: Ja, nur in Form von Pulver und Butter. Bloß das Problem des Eiweißüberschusses ist eben dadurch auch entstanden, daß man die Magermilch verpulvert hat. Vor Jahren hieß das, jeder Landwirt muß 90% der angelieferten Milch in Form von Magermilch zurücknehmen, also das Eiweißproblem dürfte gar nicht sein, das ist ein rein politisches. Das wäre heute auch noch möglich, aber da wagt sich keiner ran.

A: Wie ist es nun mit dem ... bekommen Sie Geld für die Milchprozente, die Sie nicht liefern? Sie sagen, Sie bekommen Ihre Quoten zurückgeschnitten, ja? <Herr H: Ja!> Noch einmal achteinhalb Prozent, vorher elf Prozent. Subventioniert die Regierung das, oder werden Sie einfach nicht bezahlt für diese Milch, die Sie nicht liefern dürfen?

Herr H: Die erste Kürzung, die wir hatten, die wurde einfach ausgesprochen, und das heißt, man darf nicht mehr liefern. Jede Überlieferung wurde pro Liter mit fünfzig Pfennig bestraft oder die übergelieferte Milch wurde fünfzig Pfennig abgezogen. Heute ist es so, jeder Liter zuviel gelieferte Milch wird mit dem vollen Subventionspreis abgezogen. Also, man hat gar nichts davon. Das halte ich allerdings auch für richtig. Diese zweite Kürzung, die wird uns erstattet. Einmal drei Prozent gehen ganz verloren, und fünfeinhalb Prozent werden nur stillgelegt, und sobald etwas Luft auf dem Markt ist, sollen die wieder frei werden. Sollen!

A: Ja. Was tut die Regierung sonst, um Ihnen über diese schwierige Zeit hinwegzuhelfen?

Herr H: Die Regierung versucht allerhand, und bei den letzten Landtagswahlen haben die Parteien ja auch gesehen, daß die Wähler nicht mehr bei der Stange bleiben, und das ist ja bei allen Entscheidungen fast so, daß das am meisten zieht. Der Kiechle, der hat natürlich einen schweren Stand in Brüssel, aber vor ... weiß ich nun nicht genau... vor zwei Jahren oder vor drei

Jahren, da hat die Bundesrepublik zugestimmt, den Währungsausgleich vollkommen abzubauen, und das ist eins der schlimmsten Sachen, die Bonn mit beschlossen hat...

A: Was meinen Sie, den Währungsausgleich...

Herr H: Der Währungsausgleich, das sind die Kosten...die DM ist ziemlich stark, und alle paar Jahre wird die DM aufgewertet, und da wir unsere Produkte durch den Eurodollar bezahlt bekommen, wird das danach neu eingeteilt, und wir bekommen prozentual weniger für unsere Produkte in dem Maße, wie die DM aufgewertet wird, und jede andere Währung die abgewertet... die meisten weerden ja abgewertet, zum Beispiel der französche Franc, die bekommen ihr Schärfchen dazu in dem Maße, und vorher war das so, daß an der Grenze der Währungsausgleich berechnet wurde, daß jeder denn für die Produkte das gleiche bekäme, aber das ist jetzt nicht mehr der Fall. Das wird abgebaut, und jetzt haben die wieder 'nen neuen Modus entwickelt, daß ein Teil sofort abgebaut wird, und ein Teil innerhalb von drei Jahren, und die haben uns versprochen, daß wir keine Nachteile dadurch haben sollen, aber wir haben ja auch keine Preiserhöhungen mehr. Nachteile sollten wir wohl haben, bloß wir sollten keine Mindereinnahmen haben. Aber die Preise sollten nicht durch den Währungsausgleich gesenkt werden, man wollte immer warten, wenn Brüssel die Preise erhöht, daß man denn gleich dies Ende reduziert.

A: Also, im Grunde ist das keine Maßnahme der Regierung, die Ihnen hilft, sondern im Gegenteil ...

Herr H: Ich sehe das so, daß das unsere schlimmste Entscheidung gewesen ist, den Einstieg in den totalen Währungsausgleichsabbau, weil ... das wird nicht wieder zurückgenommen, und je stärker die DM wird, je schwieriger ist das für die deutsche Landwirtschaft. Wir standen mal in der Spitzenposition beim Einkommen und sind jetzt so ziemlich am Schlußlicht. Die dauernde Aufwertung der DM. Die haben ja allerdings, das muß man ja sagen, die deutsche Industrie profitiert mehr von der EG als die Landwirtschaft im Moment...

A: Tatsächlich? Obwohl zwei Drittel des Budgets in die Landwirtschaft hineingesteckt wird, ja? Jedenfalls heißt es, daß zwei Drittel der Beiträge, die in die EG einfließen, der Landwirtschaft zukommen.

Herr H: Ja, das stimmt wohl, aber wir haben ja auch nur in der EG die Agrarpolitik oder die Agrarwirtschaft mit allen Ländern gemeinsam. Wir haben ja keine gemeinsame Währung, wir haben keine gemeinsame Arbeitsmarktpolitik. Das ist ja eigentlich das einzige, was die EG zusammenhält, und normalerweise ist es ja gar kein Wunder, daß daher die ganzen Gelder in die Landwirtschaft gehen. Wir haben zwar noch Stahlindustrie-EG-Ebene, aber wir haben ja nicht einmal eine einheitliche Außenpolitik, wir haben keine Währungspolitik, wir haben gar nichts, nur Agrarpolitik.

A: Sie sagen, wir haben keine gemeinsame Währungspolitik. Die E C U oder der Ecu soll doch eigentlich die gemeinsame Währung sein und immer mehr werden, es wird sogar davon geredet, daß die Deutschen schließlich auch in dieser Währung sparen können. Aber Sie sehen das noch nicht als verwirklicht?

Herr H: Nee, ich sehe das, wenn ich als Vergleich Amerika anführen kann mit all den Bundesstaaten, die haben den Dollar, ob nun New York oder Florida, die haben alle den Dollar. Wir haben hier die DM und Italien die Lire, die immer wieder abfällt. Der Eurodollar, oder Ecu oder wie man das nennen will, ist ja insofern keine Währung. Ein Land kann aufwerten, das andere wertet ab, das ist ja nie eine gleiche Einheit, und daher sind wir ja auch so enttäuscht, daß der Währungsausgleich abgebaut wurde. Wär' der noch in vollem Umfang da, dann ständen wir hier ja auch besser.

A: Haben Sie irgendwelche Hoffnung für die Zukunft, daß ein paar vernünftige Entscheidungen getroffen werden? Oder... ich weiß gar nicht, ob das an ein paar vernünftigen Entscheidungen hängt, oder muß die Landwirtschaft wirklich zurückgeschraubt werden, muß sie beschnitten werden?

Herr H: Das ist je eben die Frage, was man will. Wenn die Politiker sich erst mal durchringen könnten und sagen, was wollen wir. Das wissen die selber noch nicht. Wollen wir den normalen Familienbetrieb? Dann müßte man von fünfzig sechzig Hektar gut leben können. Das ist heute aber nur unter Schwierigkeiten möglich.

A:: Haben Sie einen Nebenberuf, haben Sie Nebeneinnahmen <Nein!> Sie sind noch einer der wenigen vollzeitlichen Landwirte, ja?

Herr H: Ja...nein! In Schleswig-Holstein gibt es, ich würd' sagen, noch überwiegend Vollerwerbsbetriebe. Die Struktur der landwirtschaftlichen Betriebe hat da...hat hier in Deutschland Schleswig-Holstein die Spitzenstellung...daß wir hier an und für sich wenige Nebenerwerbsbetriebe haben. Wir haben ja auch keine Alternative. Da würden mehr Landwirte aufgeben oder sich nebenbei etwas verdienen, wenn die Möglichkeit eben da wäre.

A: Ja, Sie haben keine Alternative, weil hier keine Großstädte in der Nähe sind, wo Sie ...

Herr H: Nee, hier ist keine Arbeit zu bekommen. Der Hauptarbeitgeber hier ist eben die Bundeswehr. Da sind viele damals in den sechziger siebziger Jahren aufgehalten und sind bei der Bundeswehr angefangen. Und das ist natürlich gut aber nicht mehr ausbaufähig.

A: Ja, natürlich nicht. -- Gehören Sie einer Erzeugergemeinschaft an? Benutzen Sie die gleichen Maschinen ... oder dieselben Maschinen mit anderen Landwirten zusammen, oder haben Sie Ihren eigenen Maschinenpark?

Herr H: Ja, Erzeugergemeinschaften ist ja was anderes als Maschinengemeinschaft. <A: Ach so!> Erzeugergemeinschaft faßt die Produkte zusammen und versucht, in großen Mengen gleiche Qualität anzubieten. Das ist ja der Sinn der Erzeugergemeinschaften. Das andere sind Maschinengemeinschaften. Die sind hier oben eigentlich ganz wenig verbreitet in Schleswig-Holstein...

A: Tatsächlich? Jeder muß seine eigenen Maschinen besitzen?

Herr H: Nein, wir haben einen guten Lohnunternehmer-Ring oder gute Lohnunternehmer, die kommen und die Arbeiten dann verrichten, aber wir haben anteilig also kein Geld in den Maschinen sitzen.

A: Ach so! Also, was Sie sagen ist, daß zur Ernte dann eine Gruppe von Menschen kommen <Herr H: Maschinen!> mit den Maschinen ... oder... mit den Maschinen zusammen, oder nur die Maschinen...

Herr H: Nee, Maschine mit Bedienungspersonal.

A: Aber wie kann das angehen, wenn für alle Leute die Ernte gleichzeitig eingeholt werden muß?

Herr H: Ja, das ist natürlich schwierig, wenn man auf einen Lohnunternehmer angewiesen ist, sonst würden ja auch nicht so viele Landwirte die eigenen Maschinen kaufen. Wir haben allerdings das Glück hier, daß unser Nachbar viel investiert hat in Maschinen und nebenbei so Nachbarschaftshilfe macht, und der fährt bei uns heute Grassilo rein, und der will auch heute dreschen. Der macht das bei uns. Ich helf' mal bei ihm, wenn ich kann, aber ansonsten wird das verrechnet.

A: Ja, er macht das gegen Bezahlung.

Herr H: Er hat ja die Maschinen, und die sind bei ihm nicht ausgelastet.

A: Ja, Herr Honnens, ich bin Ihnen sehr dankbar für dieses Gespräch, und will Sie nicht länger aufhalten, damit Sie zu Ihrem sehr dringenden Erntegeschäft zurückkomen. Ich möchte mich damit von Ihnen verabschieden. Auf Wiedersehen.

Herr H: Auf Wiedersehen!

End of Tape 1, Side 2

Tape 2, Side 1-(27:25)

## (20:15) INTERVIEW ZU KAPITEL IIC
### Gespräch über Energiepolitik

A: Wir befinden uns im Bundeswirtschaftsministerium in Bonn, und mein Gesprächspartner ist Herr Oberregierungsrat Jacobi, und ich möchte gern damit beginnen, daß ich ihn darum bitte, uns sein Aufgabengebiet kurz zu umreißen. Darf ich Sie darum bitten?

Herr J: Ja, ich will dieses gerne tun. Mein Aufgabengebiet im Bundeswirtschaftsministerium ist gegenwärtig im Referat Energiepolitik der Abteilung 3. Diese Abteilung 3 hat ihr Aufgabengebiet ausschließlich im energiepolitischen Feld. In vielen anderen Ländern sind diese Aufgaben in einem gesonderten Ministerium zu finden, das sich ausschließlich mit Energiefragen beschäftigt. Bei uns in Deutschland ist es nur e i n e, wenn Sie so wollen, Abteilung im Bundeswirtschatsministerium. Und wenn Sie so wollen, zählt mein persönliches Aufgabengebiet zu den Kernstücken zu dieser Abteilung, denn wir müssen hier -- ich mit meinem Kollegen -- die Energiepolitik koordinieren und formulieren. Koordinieren bedeutet, wenn mehrere Energien: Kohle, Kernenergie oder Öl gemeinsame Probleme haben, dann müssen wir versuchen, diese Probleme hier zu lösen. Oder wenn wir neue politische Zielsetzungen, energiepolitische Zielsetzungen haben, dann müssen die bei uns formuliert werden.

A: Ich glaube, da bin ich genau an die richtige Adresse gekommen, denn ich habe eine Frage über die Krise, von der man in der Zeitung liest im Augenblick, was die Energiepolitik in der BRD anbetrifft. Es geht einmal um die Erhöhung des sogenannten Kohlepfennigs , der sehr drastisch erhöht werden müßte von etwa 4,5% auf 12 bis 13%. Wenn ich es richtig verstanden habe, so ist dieser Kohlepfennig eingeführt worden, um den Unterschied des Preises für das Schweröl und die Kohle auszugleichen, d.h. die Elektrizitätswerke haben einen Vertrag, der ihnen versichert, daß ihr Preis dem des Schweröls entsprechen soll, und wenn also die Kohle viel teurer ist -- und im Augenblick, wo der Ölpreis so gesunken ist, ist das wohl ein großes Problem -- muß ein hoher Kohlepfennig den Unterschied ausmachen, stimmt das?

Herr J: Das ist richtig. Das Problem liegt hier in den hohen Subventionen,die wir gegenwärtig für die deutsche Kohle ausgeben müssen, aber lassen Sie mich auf Ihr Eingangswort von Krise und deutscher Energiepolitik erst einmal zu sprechen kommen. Ich glaube nicht, daß wir gegenwärtig in der Bundesrepublik Deutschland ein Problem haben, das man mit einer Krise vergleichen könnte. Sehen Sie, wir haben gegenwärtig, wie auch in andern Ländern, noch nie so viel und auch so billige Energie zur Verfügung gehabt. Das heißt, die großen energiepolitischen Ziele und auch die Herausforderungen, denen wir uns stellen mußten während der Ölpreissprünge, also der Jahre 1973/74 und dann wieder 1979-81. Die damit verbundenen Probleme sind weitgehend gelöst. Wir haben Energie zur Verfügung. Sie ist international kostengünstig, das heißt, unsere Unternehmen haben sie eben zu wettbewerbsfähigen und guten Bedingungen, und wir haben auch inzwischen -- dieses ist vielleicht ein ganz besonders deutsches Problem -- wir haben es auch inzwischen geschafft, die Umweltprobleme -- das heißt <wir haben> insbesondere die Luftverschmutzung, die automatisch mit der Erzeugung von Energie und der Benutzung von Energie verbunden ist, verringert.-- Aber natürlich, und damit haben Sie vollkommen recht, ist in der gegenwärtigen Situation die deutsche Steinkohle und die hohen Subventionen, die wir für deutsche Steinkohle ausgeben müssen, ein Problem.

„A: Ja, denn je höher, oder sagen wir mal je niedriger die Ölpreise sind, desto mehr muß ja die Kohle subventioniert werden.

Herr J: Richtig. Richtig. Aber lassen Sie mich vielleicht noch einmal deutlich machen, warum wir deutsche Steinkohle subventionieren. Dazu muß ich wiederum zurückgehen auf die Zeiten der großen Ölpreiskrisen. Damals hatten wir nicht nur Angst vor den hohen Preisen, sondern auch Angst davor, daß uns die wichtige Energie des Öls auch einmal physisch nicht mehr zur Verfügung stehen könnte. Deshalb haben wir eben versucht, den andern Ländern eine Strategie zu entwickeln, die uns relativ -- absolut geht das nicht -- aber relativ unabhängig macht, also unsere Versorgungssicherheit mit Energie erhöht... Und dazu gehört eine Möglichkeit, die wir voll ausgeschöpft haben, nämlich Öl aus der sogenannten Verstromung herauszudrücken, das heißt die deutsche Steinkohle in der Verstromung hineinzuführen, und wir haben dieses dem Unternehmen, dem Stromversorgungsunternehmen, erleichtert ...diese Substitution, indem wir gesagt haben: wir sorgen dafür, daß ihr deutsche Steinkohle zu ähnlichen Bedingungen bekommt wie Öl.

A: Und das haben Sie auf hundert Jahre garantiert, ja?

Herr J: Nein. Das ist ein großer Irrtum! Dieser Vertrag, der zwischen der Stromwirtschaft und der Elektrizitätswirtschaft besteht, ist ein Vertrag, der über fünfzehn Jahre läuft.

A: Warum heißt der Hundertjahrvertrag?

HerrJ: Ja, weil er gegen Ende dieses Jahrhunderts, nämlich 1995, ausläuft, haben einige Leute -- ich finde das persönlich nicht sehr gut -- gesagt, das ist der Jahrhundertvertrag, aber im Grunde genommen: der läuft nur fünfzehn Jahre, und wir sind gegenwärtig dabei, auch über seine Verlängerung und über die Modalitäten seiner Verlängerung nachzudenken. Aber nicht nur das. Wir denken gegenwärtig auch nach, wie wir eben die hohen Subventionsbelastungen, die sich durch starken ... starke

Verbilligung des Ölpreises und gleichzeitig des Dollarkurses gekommen sind, wie wir dieses verringern können. Das ist gegenwärtig eine unserer Hauptaufgaben.

A: Ich glaube, Sie haben ein Problem dadurch, daß die verschiedenen Länder verschieden darüber denken. Die revierfernen Länder, also in denen keine Kohle abgebaut wird, protestieren dagegen, daß sie die Kohle subventionieren sollen und besonders weil die Revierländer gegen die Kernenergie sind, ja? die Revierländer werden von der SPD regiert, und die SPD ist zur Zeit gegen weitere Kernenergie, vor allen Dingen seit dem Tschernobyl Unglück, und die Kernenergie ist natürlich billig, und soweit ich das verstanden habe, möchte die Regierung eine Verbindung zwischen Kohlepolitik und Kernenergieverbrauch herstellen oder hergestellt behalten, stimmt das?

Herr J: Ja, lassen Sie mich versuchen, es etwas differenzierter auszudrücken . In der Tat, wir haben hier zwei Probleme. Das eine Problem ist die Kohle, die natürlich den Revierländern, also dem Saarland und Nordrhein-Westfalen, wo sich die Kohlegruben befinden, wo sich auch die Stahlwerke befinden, die ja auch Kohle ...durch die ja auch Kohle abgesetzt wird. Hier in diesen Bundesländern ist es nicht nur ein energiepolitisches Problem, sondern auch ein regional struktur- und arbeitspolitisches Problem. Ja, und in den Ländern wie Bayern oder Schleswig-Holstein, die sehr entfernt von diesen Ländern sind, wo diese struktur- und regionalpolitischen Probleme keine Rolle spielen, und in diesen Ländern natürlich gesagt wird, wir wollen die Subventionszahlungen für die deutsche Kohle so gering wie möglich halten.

A: Die haben keine Angst um den Verlust von Arbeitsplätzen...

Herr J: Die haben diese Angst vor dem Verlust der Arbeitsplätze in ihrem Revier nicht. Und sehen Sie, was wir in diesem Zusammenhang aber bisher oder bis vor einigen Jahren noch hatten, war trotzdem in der Bundesrepublik Deutschland insgesamt ein Zusammengehörigkeitsgefühl, ein Ziehen am selben Strang, das heißt, ein wirklicher energiepolitischer Konsens, das heißt, trotz dieser strukturpolitischen Probleme, die natürlich für die einen Länder stärker als für die andern Länder vorhanden waren, war man der Meinung, daß die energiepolitische Ausrichtung dennoch einstimmig, mehr oder weniger einheitlich gefahren werden sollte. Und dieser Konsens ist nun tatsächlich aufgebrochen worden durch die Kernergie. Das klang auch schon vor Tschernobyl an. Das ist in der SPD, die ja eben an diesem Konsens mitbeteiligt war, eben nach Tschernobyl stärker geworden. Und in dieser Überlagerung des Problems SPD ... SPD geführte Länder, und das sind halt das Saarland und Nordrhein-Westfalen auf der einen Seite gegen Kernenergie, für den mittellangfristigen Ausstieg, auf der andern Seite aber für Kohle und für Kohlesubventionen. Und gegenüber die revierfernen Länder, meist CDU geführt oder in

Koalition mit der FDP, die das Kohleproblem nicht haben, die aber für die billigere Kernenergie sind. So sehen Sie, daß sich hier ein Konflikt ergibt, aber es ist ein Konflikt -- das muß man hinzu sagen, der gegenwärtig die Politik letztlich nicht berührt, denn wir haben in Bonn eine sehr komfortable Mehrheit für die Regierung. Wir haben auch dieselben gut komfortablen Mehrheiten, wenn Sie sich die Zahl der Bundesländer ansehen.

A: Also Sie meinen, diese Mehrheit wird auch den Kohlepfennig akzeptieren...ich meine die Erhöhung des Kohlepfennigs wie auch neue Kredite aufzunehmen. Herr J: Ja, wir haben inzwischen schon kurz vor Beginn der Sommerpause diesen Kohlepfennig , also diese Ausgleichsabgabe zur Sicherheit der deutschen Energieversorgung schon angehoben von 4,5 auf 7,5%. Dies haben alle Länder mitgemacht, aber wir haben gleichzeitig auch gerade von den Ländern gehört, daß die Bundesregierung, und wenn Sie wollen, jetzt meine Kollegen und auch ich, dafür Sorge tragen müssen, daß diese Subvention nicht ins Unermeßliche geht. Das heißt, wir müssen gegenwärtig Regelungen finden, auch in diesem laufenden Verstromungsvertrag, diesem fünfzehn Jahresvertrag, nicht Jahrhundertvertrag, Regelungen zu finden, die Subvention stärker zu begrenzen.

A: Ja, sagen Sie mir doch bitte noch: was ist geschehen mit den 440 000 Arbeitsplätzen, die so etwa seit 1958 verloren gegangen sind. Hat man neue Arbeitsplätze für diese Menschen gefunden, oder sind die weitgehend arbeitslos geblieben? Was plant die Regierung, denn es werden ja auch weitere Zechen stillgelegt werden ... stillgelegt werden m ü s s e n , und man muß ja irgendwie voraus planen, wie man diese Leute umschulen kann, oder wie man sie anders unterbringen soll.

Herr J: Wir haben, wenn man auf die Zahlen bis in die fünfziger Jahre zurückgeht, tatsächlich im Schnitt pro Jahr fast 15 000 Beschäftigte im Bergbau, die ihren Arbeitsplatz ja eben verloren haben. Das klingt auf Anhieb als eine sehr sehr beträchtliche Zahl. In Wahrheit ist den meisten ... fast allen Bergleuten geholfen worden. Es ist also praktisch, wie die Bergleute in ihrer Sprache sagen, kaum einer ins sogenannte Bergfreie gefallen. Wir haben, wenn Sie so wollen, in den fünfziger und sechziger Jahren Abfindungen gezahlt, und damals war der Wechsel zu andern Arbeitsplätzen deshalb nicht sehr schwer, weil wir damals Vollbeschäftigung hatten. Das ist insbesondere gegen Ende der sechziger und zu Beginn der siebziger Jahre anders geworden. Hier hat dann tatsächlich der Arbeitsmarkt eben keine Vollbeschäftigung mehr gehabt, und insbesondere hatten wir damals dann auch die große Kohlekrise, aber gerade in dieser Zeit hat man durch Maßnahmen, die darauf hinausliefen, das Rentenalter der Bergleute oder im Bergbau Beschäftigten zu senken, und durch Maßnahmen, in dem man, selbst wenn das Rentenalter nicht mehr gesenkt werden konnte, sie dennoch mit fünfzig Jahren quasi in Pension geschickt und in der Übergangsphase, also wenn Sie so wollen, für einen Bergmann sind das frühestens ab fünfzig Jahre -- mit fünfundfünfzig wäre er ehe in Rente geschickt worden, und er hätte frühestens in Rente geschickt werden können, hat man ihm in dieser Phase ein sogenanntes Anpassungsgeld bezahlt, und damit noch mehr Bergleute frühzeitig in Rente gingen, hat man das sogenannte Stellvertreterprinzip erfunden. Das bedeutet, daß in Gruben, die geschlossen werden, die jüngeren Bergleute in die Zechen, die noch arbeiten, gehen, aber dort in diesen Zechen eben die älteren Leute ausscheiden.

A: ...und nicht wieder ersetzt werden durch andere.

Herr J: ...und nicht wieder ersetzt werden. Diese Politik, wie gesagt, ist uns bisher, was die soziale Absicherung angeht, hervorragend gelungen. Das wird in der Zukunft aber immer schwerer werden, denn wir haben gegenwärtig eine sehr starke Verjüngung bei den Bergleuten festzustellen. Ich glaube, gegenwärtig liegt das Durchschnittsalter bei 34 oder 35 Jahren. Das bedeutet, daß wir....

A: So früh kann man sie nicht pensionieren!

Herr J: So früh kann man sie nicht pensionieren. Wir kommen also da auch mit der gegenwärtigen Politik da in Schwierigkeiten.

A: Ja. -- Und ich hätte noch eine Frage ...vielleicht eine Feststellung der Bewunderung. Ich habe aus Statistiken ersehen, daß die Einfuhr des öls in Deutschland zwischen 1979 und 85 auf 40% ungefähr reduziert worden ist. Haben die Deutschen gelernt, mit soviel weniger Öl auszukommen, oder ... ich meine, sind sie einfach sparsamer im Umgang geworden...sind die Autos kleiner geworden, oder wie hat man 40% einsparen können?

Herr J: Ja, natürlich sind die Deutschen sparsamer geworden. Sie sind wahrscheinlich auch sparsamer als in anderen Ländern. Es gibt , glaube ich, wenige Länder auf der Welt, die tatsächlich die Energie so rationell und sparsam verwenden wie in der Bundesrepublik. Aber natürlich haben auch andere, nämlich Substitutionseffekte, zu dieser Verringerung beigetragen. Nur wenn Sie einen Blick auf die gesamten Zahlen machen wollen, dann können Sie diesen Effekt, unabhängig jetzt von Öl, noch deutlicher ablesen. Sehen Sie, vor den großen Olpreiskrisen hatten wir eine Faustregel. Diese Faustregel besagte, ungefähr soviel Energiezuwachs pro Jahr wie Bruttosozialanstieg. Also so hoch wie das Bruttosozialprodukt war...auf diesem Level, soviel legte man an Energie dazu, und diesen Zusammenhang haben wir inzwischen gebrochen, und sehr radikal.

A: Weniger Energie bei höherem Bruttosozialprodukt...

Herr J: Ja, wir haben im Grunde genommen seit 1973 quasi ein fast unverändertes Primärenergieaufkommen. Das heißt der Zuwachs von 1973 bis heute beträgt nur knapp 2% . Das Bruttosozialprodukt ist aber seit 1973 um gut 27% angestiegen. Da sehen Sie, wie sparsam man in Deutschland geworden ist. Das liegt an vielen Dingen: in der Industrie wird eingespart, aber insbesondere in den Gebäuden gibt es Vorschriften, energiesparende Energiedämmung einzuführen. Wir haben jetzt fast überall inzwischen Doppelfensterverglasung, und wir haben auch clevere Automobilproduzenten, die energiesparende Autos herstellen.

A: Nur daß die Deutschen nach wie vor ohne Geschwindigkeitsgrenze über die Autobahn rasen, und da könnten sie noch eine ganze Menge mehr einsparen, ja?

Herr J: Ja, aber auch das wird überschätzt. Wenn Sie selber ...

A: Da wird einem angst und bange, wenn ich auf der Autobahn sitze...

Herr J: ...da wird Ihnen angst und bange?

A: Angst und bange!

Herr J: Trotzdem! Wir haben statistische Messungen gemacht, daß unbegrenzt nur noch auf 10% der deutschen Autobahnen gefahren werden darf, und wir haben auf den Landstraßen 100%, also 100km Begrenzung, und so, wie das vielleicht auf Anhieb scheinen mag, so hoch sind die Geschwindigkeiten auf den Autobahnen auch nicht.

A: Ja, Herr Oberregierungsrat, ich bedanke mich sehr für die Zeit, die Sie uns geschenkt haben und für alle die wichtige und interessante Information und möchte mich gern verabschieden damit.

Herr J: Ich bedanke mich ebenfalls!

A: Auf Wiedersehen!

Herr J: Auf Wiederschauen!

## (7:10) INTERVIEW ZU KAPITEL IIIA
### Gespräch mit der Besitzerin einer Boutique für Damenoberbekleidung

A: Ich bin heute morgen in Eckernförde bei Frau Kankelfitz, der Besitzerin eines Damenmoden-Oberbekleidungsgeschäfts, ja, stimmt das, Frau Kankelfitz? Ich bin gestern auf Ihr Geschäft aufmerksam geworden, weil darin ganz besonders schöne Kleidungsstücke lagen und, wie Sie wissen, bin ich reingekommen und hab einiges anprobiert und bin dann mit einem ganz teuren Kleid zu ganz besonderem Anlaß, den ich hier nicht erwähnen will, nach Hause gegangen ... einem Kleid, das mir heute morgen noch genau so gut gefällt und jetzt in meinem Besitz ist. -- Frau Kankelfitz, wie lange besitzen Sie diese Boutique schon?

Frau K: Diese Boutique besitze ich jetzt ein Jahr.

A: Ein Jahr? Hat sie hier schon vorher bestanden, oder haben Sie die ganz neu aufgebaut?

Frau K: Es bestand, hatte aber einen anderen Kundenkreis, und ich habe das Ganze 'n bißchen jünger aufgebaut jetzt. Die gleichen Firmen, nur die ganze Sache 'n bißchen jugendlicher.

A: Aha! Also, was Sie sagen, ist, daß Ihre Lieferanten die gleichen Firmen sind.

Frau K: Zum Teil...

A: Zum Teil, ja...könnten Sie uns vielleicht ein paar der Namen nennen?

Frau K: Jobis, Bogner, Helene Strasser, Alexander..<?>...

A: Alles bekannte Namen, ja? <Ja!> Und welche Vorausbedingungen verlangen diese Lieferanten? Ich nehme an, daß sie nicht jedem, der kommt und sagt "Wir möchten Ihre Waren vertreiben" diese Waren zuliefern, stimmt das?

Frau K: Das stimmt!

A: Und was sind da die Vorausbedingungen?

Frau K: Die erste Vorausbedingung ist da die Bankauskunft, die sie sich holen, daß man liquide ist.

A: Kreditwürdig...

Frau K: Kreditwürdig, und daß die Ware auch richtig repräsentiert wird, daß das ...gut....

A: ...das Schaufenster attraktiv ist.

Frau K: der ganze Laden dementsprechend gestaltet ist.

A: Wie ist das eigentlich: Müssen Sie als Einzelhändlerin Vorauskasse leisten für die Waren?

Frau K: Nein, ich habe ein gewisses Zahlungsziel.

A: Aha! Sie haben ein Zahlungsziel. Und könnten Sie auch die Waren unverkauft zurückgeben? Oder ist das nicht möglich?

Frau K: Das ist heute nicht mehr möglich. Früher konnte man auf Kommission Ware bekommen, aber das ist überhaupt nicht mehr möglich.

A: Das ist ein ziemliches Risiko.

Frau K: Ja, das ist ein Risiko, das stimmt!

A: Wie treffen Sie die Auswahl für die Waren? Gehen Sie selber zu diesen Fabrikanten oder Lieferanten und machen eine Auswahl, oder kommen die und bringen Ihnen...

Frau K: Zum Teil kommen die Firmen ins Haus, bringen ihre Kollektion mit, aber zum größten Teil wird auf Messen geordert.

A: Aha! Sie besuchen also eine Messe, und da wählen Sie dann aus.

Frau K: Da wählt man aus!

A: Ja! Ich habe gehört, daß man -- und ich hab's auch gemerkt gestern in Ihrem Geschäft -- daß Sie von einem Kleid nicht also noch drei oder vier haben in verschiedenen Größen <Stimmt!>, und meine Tante behauptet, daß sie noch niemandem in Eckernförde begegnet ist, der das gleiche Kleid trägt wie sie. Ist das so? <Ja!> Nehmen Sie von jedem Kleid nur eine ganz geringe....

Frau K: Möglichst wenig. Eckernförde ist eine Kleinstadt, und dann finde ich es nicht so schön, wenn das dann zwei drei viermal in Eckernförde wieder erscheint.

A: Ja. Das kann ich mir denken. -- Ja, zu der Lage Ihres Geschäfts hier : ist die günstig?

Frau K: Meiner Meinung nach die beste Lage in Eckernförde!

A: Tatsächlich! Warum?

Frau K: Die Kieler Straße ist überwiegend von großen Geschäften bestückt, die ihre Ständer derart in Unmengen vor die Tür stellen, daß es kein gemütliches Einkaufen ist, weil die Straße so vollgestellt ist... <und dann sieht es immer nach Ausverkaufsware aus>, und dann sind sehr viele Banken immer in den Städten, und das finde ich uninteressant für die Kunden. Der Rathausmarkt ist immer schön frei. Der Wochenmarkt findet statt.

A: Also, Sie sind nicht in der Kieler Straße...

Frau K: Ich bin nicht in der Kieler Straße.

A: Nein. Ihre Straße sieht aus wie eine alte, eine sehr alte, bei uns sagt man "picturesque", also malerische Straße < ja, ja>, und sogar noch mit Fachwerkbauten.

Frau K: Ja, fachwerkbebaut. Das Rathaus...

A: Also Touristen werden hier auch herkommen, ja?

Frau K: Touristen kommen hierher. Das Rathaus wird jetzt umgebaut. Das alte Rathaus <wird> zum Museum <umgebaut>, und so ist dieser Platz so zentral gelegen, daß jeder Tourist irgendwann mal am Rathausmarkt vorbeikommt.

A: Ja, machen Sie das größere Geschäft mit einem Stammkundenkreis in Eckernförde oder mit Touristen...

Frau K: überwiegend Stammkunden, aber auch Stammkunden aus Rendsburg, Eckernförde aus dem Kreis.

A: Ja, und dann auch Kurgäste <Kurgäste auch>, die nach Eckernförde an die Ostsee kommen, ja? --Ja, ich wundere mich, wie Sie es schaffen, konkurrenzfähig zu bleiben, denn es gibt ja doch sehr viele Boutiquen in Eckernförde und Textilgeschäfte, und die großen Städte wie Kiel und Schleswig und Rendsburg sind alle in der Nähe. Da gibt es die großen Warenhäuser mit sehr viel mehr Auswahl. Was ist an Ihrem Geschäft so besonders attraktiv, daß die Leute trotz allem kommen und auch gerne bereit sind, einen höheren Preis zu bezahlen ... für etwas ganz Besonderes.

Frau K: Tja...

A: Vielleicht habe ich das schon selbst beantwortet... für etwas ganz Besonderes.

Frau K:...etwas ganz Besonderes, und dadurch, daß wir Stammkunden haben. Die Kunden sind persönlich bekannt. Man weiß schon, was die Kunden wünschen, was sie tragen. Sie müssen nicht stundenlang suchen. Was wir denen darbieten, das ist schon auf deren Typ passend zugeschneidert, kann man fast sagen...

A: Sie rufen auch die Kunden mal an und sagen....

Frau K: Wir rufen die Kunden an... wir haben die Kundenkartei... Schon bei den Messen, beim Bestellen, sagen wir, dieses Stück ist was für d i e Kundin, das ist was für d i e Kundin <Das ist auch was wert!>, und es wird besonders darauf geachtet, daß jeder Kunde <Das ist erstaunlich!>zu seinem Typ das Richtige bekommt.

A: Ja, ich hab' gestern natürlich noch einen ganz besonderen Dienst bei Ihnen kennengelernt. Zu meinem Erstaunen durften wir das Kleid und die Bluse mit nach Hause nehmen, und ich konnte es heute abend... gestern abend bei künstlicher Beleuchtung noch einmal anziehen, und heute morgen ... und das war ohne Weiteres möglich, und ich hätte die Sachen heute zurückbringen können. Das ist auch ... ist das...?

A: Das ist der Service in der Kleinstadt und der Vorteil in einer Kleinstadt. Man ist bekannt, und dann dürfen die Kunden gern zur Ansicht etwas mitnehmen, wenn sie zu Hause in Ruhe noch mal probieren möchten.

A: Ja. Das finde ich ja ein sehr schönes Angebot. Ja, Frau Kankelfitz, ich danke Ihnen für die Zeit, die Sie sich aus Ihrem Laden entfernt haben... hier aus Ihrem schönen Modegeschäft und verabschiede mich dann von Ihnen. Auf Wiedersehen!

Frau K: Auf Wiedersehen!

End of Tape 2, Side 1

Tape 2, Side 2-(21:55)

(6:45) INTERVIEW ZU KAPITEL IIIB
Gespräch mit einer Auslandskorrespondentin

A: Dieses Gespräch findet in Hamburg-Blankenese statt, und meine Gesprächspartnerin ist Fräulein Heidi von Appen. -- Fräulein von Appen, Sie sind Auslandskorrespondentin?

Frl. v.A: Ja!

A: Ja? Wie lange schon?

Frl. v. A: Ich bin jetzt vier Jahre im Beruf.

A: Können Sie uns vielleicht sagen, was für eine Ausbildung Sie dafür gemacht haben?

Frl. v. A: Also ich speziell habe das Abitur gemacht, und nach dem Abitur bin ich ein Jahr zur Fremdsprachenschule gegangen und anschließend dann gleich in den Beruf. Es ist aber auch die Möglichkeit, daß man "Mittlere Reife" macht, zwei Jahre dann zur Fremdsprachenschule geht, und dann anschließend in den Beruf.

A: Mhm. Und die Berufsschule macht man nicht noch obendrauf?

Frl. v. A: Nein!

A: In was für einer Firma arbeiten Sie?

Frl. v. A: Ich arbeite im Export. Das heißt, wir kaufen im Inland Güter ein und verkaufen sie ins Ausland, wo sie eben angefragt werden.

A: Und was für Güter?

Frl. v. A: Es sind bei uns alle Güter. Was man kaufen möchte, kann man bekommen. Es gibt aber auch spezielle Branchen, die sich dann eben nur auf KFZ spezialisieren oder Industriebedarf.

A: Sie meinen, jeder kann durch Ihre Firma kaufen, was er will?

Frl. v. A: Ja! Richtig!

A: Das macht den Beruf sehr kompliziert, nicht wahr?

Frl. v. A: Da kann ich selber eigentlich nicht zu viel drüber sagen. Das ist dann schon wieder eine andere Sparte, die dann Groß- und Außenhandelskaufmann ist. Ich hab' also speziell mit der Korrespondenz zu tun, weniger mit der Abwicklung.

A: Und mit welchen Ländern machen Sie Handel?

Frl. v. A: Wir haben unsere Hauptaktivitäten in Singapore; wir haben auch Amerika dabei...teilweise, aber hauptsächlich den asiatischen Raum eigentlich.

A: Aber Sie können keine asiatischen Sprachen, nicht?

Frl. v. A: Ich nicht, nein!

A: Wie führen Sie die Korrespondenz mit den asiatischen Ländern? Auf Englisch?

Frl. v. A: Ja, das ist englische Sprache.

A: Ist Spanisch auch ein Teil Ihres Gebiets?

Frl. v. A: Ich hab' Spanisch in der Schule gelernt, aber ich wende es nicht mehr an.

A: Mhm. -- Ist das ein großer Betrieb, in dem Sie arbeiten?

Frl. v. A: Nein, der Betrieb ist sehr klein. Wir sind vier Leute, das heißt der Chef, die Chefin, eine Angestellte und ich.

A: Das ist wirklich ein kleiner Betrieb. Vermissen Sie es, daß Sie nicht mehr Kollegen oder Kolleginnen haben?

Frl. vo. A: Ja, <das> würde ich schon sagen. Es wäre ganz schön, ein paar Kollegen noch zu haben, weil man dann untereinander 'n bißchen mehr Kontakt hat und zusammenhalten kann. <Gelächter>.

A: Gegen den Chef, ja?

Frl. v. A: So ist das!

A: Haben Sie vor, irgendwann mal in eine größere Firma überzuwechseln?

Frl. v. A: Das kommt drauf an. Im Moment gefällt es mir in meiner Firma eigentlich sehr gut. Ich hab' früher schon mal in einer größeren Firma gearbeitet, und da hat es mir eigentlich nicht so gut gefallen, weil es doch zu einseitig dann ist.

A: Hm! Hier machen Sie alles...alles, was so anfällt, ja?

Frl. v. A: Ja!

A: Ja, das ist bestimmt ein Vorteil. Was für andere Vorteile sehen Sie in einer ... oder spezifisch in der Firma, in der Sie arbeiten? Was gefällt Ihnen da?

Frl. v. A: Also der größte Vorteil, das muß man wohl sagen,ist, daß ich nur achtundzwanzig Stunden arbeite, und üblich sind in Deutschland ja eigentlich vierzig Stunden in der Woche.

A: Bekommen Sie denn vollen Lohn für die achtundzwanzig Stunden?

Frl. v. A: Nein! Vollen Lohn bekomme ich nicht. Es wird also umgelegt auf die achtundzwanzig Stunden, aber das ist eigentlich nicht so sehr entscheidend für mich, da ich ja noch zu Haus wohn'.

A: Aha, Sie wohnen noch zu Hause und haben deshalb nicht so hohe Lebenskosten. Wie verteilen sich denn die achtundzwanzig Stunden?

Frl. v. A: Das sind vier Tage in der Woche a sieben Stunden, wobei geregelt ist, daß der Freitag dabei frei ist. Allerdings, wenn jetzt der Arbeitsanfall entsprechend ist, dann muß auch schon mal am Freitag gearbeitet werden, aber dann gibt es einen anderen Tag dafür frei.

A: Aber meistens sind Sie am Freitag frei! <Ja!> Die Stelle würde ich auch nicht wechseln! <Gelächter!> Da kann man drei Tage Schifahren gehen <Ja!> oder Wasserschifahren oder Reiten gehen oder <Ja, wirklich!> was immer Sie als Hobby machen. -- Ja, ich wollte eigentlich noch fragen, welche Aufgaben Ihnen da in dem Beruf gestellt werden. Sie sagten, Sie machen die Korrespondenz. <Ja!> Machen Sie das alles per Brief oder benutzen Sie moderne Anlagen, wie z.B. Telefax und Teletex...

Frl. v.A: Ja, es ist also im Moment so, daß ich einen Schreibautomaten hab', was einem Computer ähnlich ist. Es ist nicht direkt ein Computer, aber ähnlich wie ein Computer. Dann wird bei uns Telex verwendet. Es soll noch dazu kommen Telefax, und später eventuell soll das vielleicht noch weiter geändert werden.

A: Ja, die deutsche Bundespost bietet ja immer mehr Kommunikationsverbindungen an ...

Frl. v. A: Das Problem dabei ist nur, daß man natürlich dann auch die Korrespondenten dazu haben muß, also die Leute eben ,die, wenn wir jetzt Telefax haben... daß auch andere Leute und genügend Leute Telefax haben. Sonst rentiert es sich ja nicht.

A: Ja, da haben Sie recht. die müssen ein Empfangsgerät in ihrem Büro haben <So ist es!>, um Ihre Telefax Mitteilungen zu erhalten.

Frl. v. A: Ja

A: Mm. -- Wir sprachen eben über Ihre Freizeit, beziehungsweise das lange Wochenende. Wie ist es denn mit Ferien? Wielange Ferien oder wieviele Ferien haben Sie im Jahr? Wieviele Tage Urlaub?

Frl. v. A: Ja, in Tagen ... das kann ich so gar nicht sagen, wie das gerechnet wird.

A: In Wochen?

Frl. v. A: Ja, wir haben das in Wochen vereinbart. Wir haben also gesagt, einmal zwei Wochen im Frühjahr und einmal drei Wochen im Herbst nachher oder im Sommer, aber das wird dann auch flexibel gestaltet, daß wir dann sagen, zweimal zwei und einmal eine Woche oder so.

A: Sehr schön! Aber fünf Wochen steht Ihnen zu? <Ja!> Das steht Ihnen zu, obwohl Sie nur achtundzwanzig Stunden die Woche arbeiten <Ja!>. Ja, und das ist ein vollbezahlter Urlaub, ja? <Ja!> Und gibt es auch noch Urlaubsgeld obendrauf?

Frl. v. A: Urlaubsgeld in dem Sinne nicht. Es ist ja so, daß man normalerweise das mit Weihnachtsgeld zusammen regelt <Ja?> Ja, Urlaubsgeld und Weihnachtsgeld werden dann zusammen ein dreizehntes Gehalt, was ich ja ausgezahlt bekomme. A: Wunderbar! <Ja!> Ja, da würde ich auch noch 'ne Weile bleiben, glaube ich, bevor ich mich irgendwo sonst länger festlege. <Ja!> Allerdings freuen sich die Deutschen im Allgemeinen wohl schon auf die 35-Stundenwoche <Ja, glaube ich auch!>, die irgendwann eingeführt werden soll. -- Ja, Frl. von Appen, ich danke Ihnen für Ihre Zeit...

Frl. v. A: Keine Ursache!

A: ... und verabschiede mich dann. Auf Wiedersehen!

Frl. v. A: Ich bedanke mich!

## (15:10) INTERVIEW ZU KAPITEL IIIC
### Gespräch über die EG und Europapolitik

A: Ich bin heute im Europazentrum in Bonn, und mein Gesprächspartner ist Herr Schmuck. Herr Schmuck, darf ich Sie darum bitten, uns kurz zu erzählen, was Ihr Aufgabengebiet in diesem Europazentrum ist?

Herr S: Ich arbeite im Institut für europäische Politik, das hier im Europazentrum angesiedelt ist. Wir befassen uns wissenschaftlich mit Fragen der europäischen Einigung. Wir haben bei uns eine Zeitschrift Integration. Wir haben verschiedene Forschungsprojekte. Wir geben jedes Jahr ein Jahrbuch der europäischen Integration heraus. Meine Aufgabe ist es zum einen, die Zeitschrift Integration zu betreuen, zum andern arbeite ich im Forschungsprojekt zum Europäischen Parlament mit.

A: Hm. Und das beschränkt sich nicht nur auf Wirtschaft, sondern es geht um allgemeine Vereinigung Europas. Das ist das Ziel.

Herr S: Ja, es ist also primär politikwissenschaftlich.

A: Nun, ich hätte ein paar Fragen über die EG, wenn Sie mir das erlauben, ja? Fast alles, was man in den Zeitungen über die EG liest, ist negativ. Es ist aber eine Tatsache, daß die Europäische Wirtschaftsgemeinschaft den Lebensstandard aller Mitglieder erheblich gehoben hat. Können Sie vielleicht erklären, durch welche Maßnahmen dieser allgemeine Wohlstand entstanden ist?

Herr S: Zunächst zu dieser ersten Aussage, daß alles negativ sei, ich glaube, da spielt 'ne große Rolle, daß eben für uns jüngere Mitbürger die europäische Einigung etwas Alltägliches geworden ist. Unsere Eltern, die haben das als hervorragend angesehen, daß die Grenzen jetzt weggefallen sind, daß wir reisen können, daß es da keine Probleme gibt, während bei uns Jüngeren, da ist Europa Alltag geworden, unsere Anforderungen sind ganz anders, wir sind großgeworden damit, daß wir in andere Länder fahren können, daß wir keine Probleme mehr haben, daß es keine Kriegsgefahr mehr gibt innerhalb Westeuropas. Insofern...

A: Sie denken wirklich europäisch, nicht mehr eng deutsch, sondern europäisch?

Herr S: Man versucht das. Es gibt da immer wieder Schwierigkeiten. -- Jetzt vielleicht zum zweiten Bereich. Wie hat die EG es geschafft, den Wohlstand zu vermehren. Ich glaube, 'ne große Rolle spielt dabei, daß die europäische Gemeinschaft als gemeinsamer Binnenmarkt konzipiert ist, daß Firmen, die bei uns existieren, ohne weiteres ihre Produkte in anderen Ländern verkaufen können, deswegen günstiger erzeugen können. Ein großer Markt schafft Vorteile für alle die, die in diesem großen Markt sind, insbesondere natürlich dann die Wirtschaftsstärkeren, und das ist ein Problem auch der EG. Die Bundesrepublik hat große Vorteile von diesem gemeinsamen Markt, während ärmere Staaten innerhalb der EG, wie Spanien, Portugal, Griechenland, die jetzt hinzugekommen sind, deutlich Schwierigkeiten haben.

A: Ja, aber die müssen ja einen Grund gehabt haben, warum sie mit dazu gehören wollten, also es muß doch sicher auch Vorteile für Portugal und Spanien geben, ja?

Herr S: Ja, die europäische Gemeinschaft ist ja mehr als dieser Binnenmarkt. Die Europäische Gemeinschaft macht verschiedene Politiken. Dazu gehört die Forschungs- und Technologiepolitik, und da erhoffen sich natürlich auch diese neueren Staaten Impulse. Dann gehört dazu eine Sozialpolitik, eine Regionalpolitik, das heißt konkret, daß eben diese Staaten: Spanien, Portugal, Griechenland aus EG-Geldern Mittel bekommen, um bestimmte Infra-Strukturprojekte durchführen zu können, und das sind eben d i e Vorteile, die diese südlichen Staaten gerne hätten, und auch ihre eigene Industrie möchte natürlich den Anschluß nicht verlieren und deswegen Mitglied innerhalb der Gemeinschaft sein.

A: Gut, daß ist ein Standpunkt oder ein Gesichtspunkt, der mir nicht so deutlich gewesen ist, der auch, wie mir scheint, in den Zeitungen nicht so stark betont wird wie all die Probleme, die die EG hat. Das große Problem der EG ist ironischerweise überfluß: überfluß an allen Ecken und Enden. Zuviel Weizen, zuviel Butter, zuviel Kohle, zuviel Stahl usw. Die Halden wachsen. Die Regierungen subventionieren die Produktion von Gütern, die nicht abgesetzt werden können. Ein großer Teil wird verschleudert, damit die Preise gehalten werden können. Wie lange kann das so weiter gehen, und was ist der eigentliche Grund dafür? Sind das kurzfristige Maßnahmen, um die Wähler bei der Stange zu halten, oder sind damit lange Ziele angestrebt? Können Sie etwas dazu sagen?

Herr S: In der Tat, die Agrarpolitik ist der zentrale Problembereich in der Europäischen Gemeinschaft. Etwa zwei Drittel aller Gelder in Europa gehen in diesen Bereich. Die EG hat heute einen Haushalt, der bei 80 Milliarden DM liegt, und zwei Drittel dieser Gelder gehen nur in die Agrarpolitik, d.h. es ist wenig Geld vorhanden für neue Politiken, Forschung und Technologien oder auch Jugendaustausch, was wir sehr gerne viel stärker fördern möchten. Alle reden darüber, die Agrarpolitik müsse reformiert werden, aber es gibt da große Schwierigkeiten. Die Hauptursache dafür ist, daß die Bauern eine sehr starke Lobby haben. Die Politiker fürchten sich davor, daß die Bauern Demonstrationen hier machen in den Hauptstädten, mit ihren

Traktoren hier in der Stadt stehen, weil das in der Bevölkerung dann als sehr kritisch angesehen wird, wenn die Bauern demonstrieren, weil Bauern doch immer noch auch in der Bevölkerung als etwas gelten, was so der Bereich ist, der unbedingt vorhanden sein muß. Die Ernährung muß stimmen, deswegen das Image der Bauern in der Bevölkerung ist recht positiv, und was man eben verabsäumt hat, ist rechtzeitig umzudenken, denn auf der einen Seite gab es die grüne Revolution, d.h. es wurden immer bessere Saatsorten gefunden, es wurde immer mehr gedüngt, die Produktion wurde maschinisiert, d.h., es konnte mit den gleichen Mitteln immer mehr erzeugt werden. Auf der andern Seite aber hat man nicht begonnen, systematisch zu drosseln. Und das kann man sich leicht vorstellen, wenn man die gleiche Fläche beibehält. Man erzeugt sehr viel mehr, daß dann Überschüsse entstehen. Was jetzt gemacht werden müßte, ist eben systematisch Flächen stillegen, daß man versucht, solche Güter anzubauen, die eben noch gebraucht werden, und das werden immer weniger, das weiß jeder, oder, was jetzt verstärkt versucht wird, ökologischen Landbau zu betreiben, d.h. eben nicht mit sehr viel Schädlingsbekämpfungsmitteln zu arbeiten, sondern so zu arbeiten, daß es der Natur verträglich ist, daß man Feuchtwiesen hat...

A: Qualität statt Quantität, ja? <Ja!>. Denn Quantität wird ja nicht mehr gebraucht in dem Maße.

Herr S: Das ist richtig!

A: Könnte man nicht da auch anfangen, europäisch zu denken oder vielleicht sogar weltweit zu denken? Ist es wirklich nötig, daß Deutschland das Gefühl haben muß, daß es sich fast selbst ernähren könnte? Ich glaube, das geschieht zu etwa 70 Prozent, ja?

Herr S: Hm. Also die EG im Zusammenschluß kann sich in fast allen Bereichen vollständig selbst ernähren, und es gibt gerade mit den USA ja einige Probleme im Bereich Soja, Schrot... dann auch jetzt ein Problem, das wird vielleicht noch kommen <mit der Fettsteuer...> daß die Fettsteuer eingeführt werden soll. Es gibt da einige Probleme auch mit der Dritten Welt, wo eben andere in die EG exportieren wollen, und die EG selbst erreicht aber mit den Südstaaten Spanien, Portugal, Griechenland jetzt den Selbstversorgungsgrat und deswegen wird es immer schwieriger sein, von außen Produkte aufzunehmen.

A: Aber die freie Marktwirtschaft müßte das eigentlich erlauben, ja?

Herr S: Wir haben ...

A: Sonst wäre das Protektionismus.

Herr S: Wir haben keine freie Marktwirtschaft im Bereich

Agrarpolitik. Die Preise werden festgelegt, zumindest die Mindestpreise, die bezahlt werden müssen, und die Idee war ursprünglich zu dem Zeitpunkt, als man diese Agrarpolitik erfunden hat, daß man 'ne Mindestschwelle hat, und daß der Marktpreis darüber liegen würde. Das sollte also nur ein Notbehelf sein, wenn irgendwo mal zuviel erzeugt wird, um das aufzukaufen. Nun wird aber überall zuviel erzeugt, und dadurch ist dieser Mindestpreis heute d e r Preis, der überall gezahlt wird, und die EG muß immer mehr aufkaufen, weil man nicht wegwill von der Agrarpolitik.

A: Irgendwer muß ja diesen Circulus Vitiosus einmal brechen, ja? Das geht ja nicht so weiter, daß subventioniert wird. Subventioniert! Die Kohle wird subventioniert, die Agrarpolitik wird subventioniert. Das Ganze nimmt gar kein Ende. Wo soll das Geld am Ende herkommen? Und ich habe gelesen, daß auch sehr viel Bauernromantik damit etwas zu tun hat, daß man nicht will, daß der Kleinbauernstand unterminiert wird, aber wirtschaftlich muß das ja tragbar werden. Sehen Sie da schon irgendwie neue Ansätze zu einer solchen Politik, oder wird es immer noch die Politik der kleinen Schritte geben, daß man bis zur nächsten Wahl denkt und...

Herr S: Also meine Befürchtung ist, daß es bei dieser Politik der kleinen Schritte bleibt. Es gibt zwei Dinge dazu zu sagen: zum einen wäre es sinnvoll, Flächen zunehmend stillzulegen und die Preise herabzunehmen, denn hohe Preise erzeugen überschüsse. Das geht aber nicht aufgrund politischer Widerstände. Also wird man die Preise weiter oben lassen. Man wird aber versuchen, zunehmend besondere Maßnahmen wie Flächenstillegung, Kontingentierungen, weniger zu erzeugen. Daß man im Bereich....

A: Hab' ich das falsch verstanden? Haben Sie gesagt, daß hohe Preise die Produktion ankurbeln? <Ja!> Ja, das ist natürlich richtig. Niedrigere Preise würden die Initiative eindämmen, soviel anzupflanzen.

Herr S: Ja. Nur kommt da eben das Problem, daß Sie eben erwähnt haben, daß als erstes die Kleinbauern aufhören müssen. Denn wenn die Preise nach unten genommen würden, dann würden die kleinen Bauern als erste aufgeben müssen, würden dadurch ihren Hof verlieren, würden arbeitslos werden, und Volkswirtschaftler haben eben errechnet, daß wenn wir entsprechend viel mehr Arbeitslose hätten, daß das volkswirtschaftlich gesehen nicht sehr viel Unterschied macht, ob man die Agrarpolitik subventioniert, und die Leute haben ihre Arbeit, oder ob man dann Arbeitslose subventioniert, und die Leute sind unzufrieden. Das ist auch 'ne überlegung, die hier mit reinspielt <Natürlich!> Was man versucht, ist eben, Flächen stillzulegen. Die Bauern dürfen nicht mehr so viel erzeugen...durch Kontingentierung, z.B. bestimmte Bauernhöfe dürfen nur noch eine bestimmte Menge Milch erzeugen. Was darüber hinaus ist, müssen sie eben dann entsprechend Kühe abschaffen. Sie dürfen nur noch soundsoviel abliefern...

A: Und sie werden sogar noch dafür bezahlt, Kühe abzuschaffen.

Herr S: Und sie werden dafür bezahlt... bei den kleineren Höfen. Weil man gerade versucht, die kleineren Höfe gezielt zu fördern, indem man auch direkte Einkommensbeihilfen gibt, indem man auch Maßnahmen jetzt fördert zum Umweltschutz. Wir haben vorhin bereits darüber gesprochen, daß eben dann die Bauern nicht mehr so viel erzeugen, sondern in solche Bereiche gehen, die sinnvoll sind, bzw langfristig eben die Überschüsse etwas abzubauen.

A: Hm. Ich hätte nur zum Schluß noch eine Frage, und das geht die Fettsteuer an. In Amerika würde das eigentlich ganz große Empörung hervorrufen, denn Amerikaner glauben an ... oder jedenfalls viele Amerikaner glauben an gesundes Leben, und Butter ist ungesund, ja? Denn Butter erzeugt hohen Cholesteringehalt, und der verkalkt die Adern, und das führt zu einem frühen Herztod, und die würden es also absolut als unerhört empfinden, daß man die Margarine so teuer macht, daß die Leute lieber Butter kaufen. Stört das hier niemand? Also vom Gesundheitsaspekt her, oder glauben die Leute immer noch, daß die sogenannte gute Butter gut für die Nerven ist, wie unsere Eltern das geglaubt haben?

Herr S: Die Diskussion über die Fettsteuer wird von der Bevölkerung wenig zur Kenntnis genommen. Das ist 'ne Diskussion, die heute noch weitgehend in den politischen Gremien stattfindet, und da spielen verschiedene Gesichtspunkte eine Rolle: auf der einen Seite sind das die Bauernverbände, die natürlich ihre Milchüberschüsse abbauen wollen <natürlich!>. Die möchten als erstes die Margarine verteuern, um ihre Butter besser verkaufen zu können. Auf der andern Seite sind dann die Finanzfachleute. Die sagen, die EG hat kein Geld. Wir brauchen Einnahmen. Fettsteuer wäre 'ne eigene Einnahmequelle der EG, um die Defizite abzubauen.

A: Aber wäre das nicht schrecklich ungerecht gegen die Leute, die Pflanzenöle verkaufen wollen und Margarinen?

Herr S: Steuern werden auf viele Produkte erhoben, und ob das immer gerecht oder ungerecht ist, das ist 'ne andere Frage...

A: Aber diese Steuer ist ja nun direkt eingesetzt, um die Butter konkurrenzfähiger zu machen, d.h. eigentlich um Margarine vom Markt zu verdrängen.

Herr S: Um den Anteil der Butter zu steigern, ja?

A: Ja, das bedeutet den Anteil der Margarine zu senken, ja, also den Absatz... das ist doch ein direkter Angriff auf eine andere Produktion.

Herr S: Ja, es ist absehbar, daß wir auch in diesen Bereichen Überschüsse haben werden in der EG. Also wir haben jetzt schon relativ viel an Fetten und Ölen in der Gemeinschaft, und die Preise sind so hoch, daß Anreize da sind, mehr zu produzieren. Jetzt haben wir drei neue Staaten bekommen. Die werden natürlich jetzt beginnen, mehr zu produzieren, und wenn man nicht in irgendeiner Form 'nen Riegel zuschiebt, werden wir in absehbarer Zeit sehr große <Margarinehalden!> Margarineberge bekommen. Neben den Butterbergen und Weinseen wird es dann auch Margarineberge geben. Man überlegt eben deswegen, um das zu verhindern, diese Fettsteuer, die das Produkt selbst etwa um 10 oder 15% verteuern würde. Also es würde nicht so viel teurer werden, als vielleicht von außen gedacht wird. Aber es schafft viele Probleme. Zum einen mit diesen Südstaaten....

A: Mit Amerika auch, ja, den USA...

Herr S: Mit Amerika, mit der Dritten Welt, die natürlich auch ihre Fette und Öle liefern wollen. Es ist eine Sache, die noch nicht ausdiskutiert ist. Also ich selbst glaube nicht, daß sie eingeführt wird die Fettsteuer, aber es wird, wie gesagt, in den politischen Gremien heute diskutiert, und der Gesundheitsaspekt, den Sie erwähnt haben, ist bisher kaum in der Diskussion gewesen.

A: Gut! Ja, also Herr Schmuck, ich danke Ihnen sehr für Ihre Zeit, und daß Sie uns Ihr Wissen hier zur Verfügung gestellt haben, und verabschiede mich damit.

Herr S: Vielleicht darf ich noch eins hinzufügen.

A: Bitte, gerne!

Herr S: Und zwar, wir haben bisher noch gar nicht über die politische Dimension der europäischen Einigung geredet, daß also die europäische Einigung angelegt ist, längerfristig einen Zusammenschluß von Staaten zu schaffen, die auch mehr und mehr politisch zusammenarbeiten, wie die USA auch weltweit ihre Stimme zu Gehör bringen kann. Ich glaube, daß ist ein Aspekt, den man auf jeden Fall mitberücksichtigen soll. Die EG wird in vielen Zeitungen nur auf diesen Wirtschaftsaspekt reduziert. Man sieht nicht, daß die Tendenz auch in diese Richtung geht, eben eine politische Union zu schaffen, um auch weltweit mitreden zu können, um die europäischen Interessen zum Ausdruck bringen zu können.

A: So ist aus der EWG, der Europäischen Wirtschaftsgemeinschaft, eigentlich jetzt die EG geworden, die Europäische Gemeinschaft, ja?

Herr S: Die noch weit von den Vereinigten Staaten von Europa entfern sind.

A: Schön, sehr schön! Vielen Dank, Herr Schmuck.

Herr S: Bitte!

End of Tape 2, Side 2

Tape 3, Side 1-(27:25)

## (17:10) INTERVIEW ZU KAPITEL IVA
### Gespräch über die Bundesbahn

A: Wir sitzen heute morgen hier am Rhein -- ü b e r dem Rhein. Mein Gesprächspartner ist Herr Raasch vom Verkehrsministerium, und ich möchte nur dazu sagen, wenn im Hintergrund ein sehr lautes, vielleicht brummendes Geräusch erscheinen sollte, dann sind das Schiffe auf dem Rhein, und das ist ja sehr apropos zu unserm Thema, denn, wie Sie bereits wissen, wird etwa 80% des Binnenschiffahrtverkehrs auf dem Rhein, auf Vater Rhein, abgespult. -- Herr Raasch, ich bin Ihnen sehr dankbar, daß Sie heute morgen kommen konnten und sich sogar bereit erklärt haben, das in Ihren Ferien zu tun. Würden Sie vielleicht zu Anfang uns ganz kurz Ihr Aufgabengebiet umreißen, uns sagen, was Sie im Ministerium, im Verkehrsministerium, zu tun haben.

Herr Raasch: Ja, herzlichen Dank, Frau Merrifield, ich bin dieser Bitte gern entsprochen, und freue mich, daß ich hier dieses Interview geben darf. Zu meinem Aufgabengebiet, das ich ganz kurz umschreiben kann, bin ich beschäftigt in der Zentralabteilung im sogenannten Haushaltsreferat, was sich mit Finanz- und Haushaltsrecht beschäftigt. Natürlich werden auch die Fachgebiete dort mitbehandelt, wie zum Beispiel Bundesbahn, Flugsicherung, Binnenschiffahrt, Seeschiffahrt, um nur einige Verkehrsträger zu nennen.

A: Mhm. Leider haben wir für unser Interview nur eine sehr begrenzte Zeit, und es wird also nicht möglich sein, über Binnenschiffahrt und vielleicht den neuen Airbus, Pipelines usw. zu sprechen. Vielleicht können wir uns e i n Gebiet auswählen, und das ist vielleicht die Bundesbahn. Das interessiert viele Amerikaner, zumal sie sie benutzen, wenn sie hier rüberkommen, und es scheint sich da einiges zu tun im Augenblick, ja?

Herr R: Ja, bei der Bundesbahn ist ein Sorgenkind bei uns, da, wie Sie vielleicht auch schon gelesen haben oder gehört haben, die Bundesbahn einen sehr großen Anteil an dem Verkehrshaushalt oder Bundeshaushalt, je nach Betrachtungsweise, verschlingt. Einen sehr hohen Betrag, nämlich über die Hälfte des Ansatzes des Verkehrshaushaltes, ein Betrag von 14 Milliarden rund.

A: Subventionen, ja?

Herr R: Nicht n u r Subventionen, aber größtenteils. Da sind auch -- das möchte ich jetzt nun nicht im einzelnen ausführen -- auch Investitionszuschüsse, die also nur für die Investitionen von Neubaustrecken und Ausbaustrecken gegeben werden, aber natürlich auch ein sehr großer Teil Subventionen.

A: Ja, ich habe gelesen, daß der D-Zug allmählich durch ein

Interregio-System ersetzt werden soll. Können Sie uns erklären, was ein Interregio-System ist?

Herr R: Ja, gerne! Das ist richtig. Die Deutsche Bundesbahn plant unter der Bezeichnung Interregio ein Nachfolgesystem für den heutigen D-Zug, und zwar zusätzlich zum bestehenden IC-Netz.

A: Also, das IC-Netz wird nicht ausgeschaltet?

Herr R: Nein, das IC-Netz wird nicht ausgeschaltet. Es soll nur dieses IC-Netz, das sich sehr bewährt hat bis jetzt, noch ergänzen. Die Einführungszeit ist vorgesehen ab nächsten Fahrplanwechsel, das heißt ab Sommer 88, spätestens ab Sommer 89.

A: Aber natürlich noch nicht über alle Strecken, sondern Sie beginnen stückweise <Nein!>, nein?

Herr R: Nein, noch nicht über alle Strecken. Insgesamt vielleicht -- das muß ich vielleicht noch ergänzen -- sind zunächst einmal fünfzehn bis neunzehn Interregio-Linien geplant, und zwar im Zweistundentakt. Der IC, wie Sie wissen...

A: Der IC ist Intercity, ja?

Herr S: Der Intercity, ja, fährt im Einstundentakt oder jetzt neuerdings der Eurocity im Einstundentakt, aber der Interregio wird im Zweistundentakt fahren, und diese fünfzehn bis neunzehn Interregio-Linien bedienen.

A: Sind die Regio-Distrikte weiter? Ist das mehr als Intercity? Regio... bedeutet das von einem Land zum andern, innerhalb der EG vielleicht, oder...

Herr R: Nein, das ist eigentlich mehr gedacht von einem Bundesland ins andere Bundesland, denn für den EG Bereich, um das mal auf die EG zu beschränken, wir haben dazu ja auch noch den Norden und Oesterreich und die Schweiz, die nicht Vollmitglied in der EG sind, soll dieses Interregio-System eine Ergänzung darstellen, und zwar deshalb, weil das D-Zug System mit dem bisherigen Standard nicht mehr bedarfsgerecht und zeitgemäß ist und somit die Bundesbahn, da vornehmlich der Bundesbahnvorstand sich Gedanken machen mußte über ein neues Konzept, wie der doch sehr stark negativ laufende D-Zug bedarfsgerechter und auch vom Angebot attraktiver gestaltet werden könnte. Das ist geschehen, und deshalb wird die Bundesbahn jetzt mit diesem neuen System, nämlich diesem Interregio System, dieses Angebot nächstes Jahr, spätestens 89, dann auf den Markt bringen und hofft sich damit, daß die Negativzahlen in Positivzahlen umkehren, wie es beim IC-Zug, also dem Intercity, der Fall ist.

A: Aha, der ist schon in schwarzen Zahlen, ja?

Herr S: Der ist schon in schwarzen Zahlen, ja!

A: Ja! -- Ich war sehr erstaunt, als ich in der Süddeutschen Zeitung vom 12. April ein neues Tarifsystem für die Bundesbahn vorfand. Es war eine ganze Seite mit Zahlen, wieviele Personen auf wielange Entfernungen wieviel billiger es dafür wird. Für Familien und für Gruppen wird es offenbar jetzt oder ist es offenbar jetzt sehr viel günstiger jetzt, mit dem Zug zu fahren. Früher war es günstiger, mit dem Auto zu fahren, ja? Sie haben das sicher gemacht, um da einen neuen Anreiz zu geben, von der Autobahn weg auf die Bundesbahn zu kommen.

Herr R: Das ist sehr richtig, Frau Merrifield. Wenn ich hier gleich mal einhaken darf. Vorreiter war hier, jedenfalls in der Bundesrepublik Deutschland, sehr bekannt die rosaroten Zeiten. Das muß man vielleicht mal vorwegschicken.

A: Die rosaroten Zeiten? Was ist das?

Herr R: Die rosaroten Zeiten, das waren diese sehr billigen und pauschalierten Karten, Rückfahrkarten, wo man in einem bestimmten Zeitraum sehr günstig für achtzig Mark und hundertzwanzig Mark, beziehungsweise zu bestimmten Jahreszeiten auch, das heißt außerhalb der Ferienzeit gerade, sehr günstig reisen konnte. Ich habe selbst von dem Angebot Gebrauch gemacht. Die waren sozusagen der Geburtshelfer für dieses neue Tarifsystem, das sich ja hundertfünfzig Jahre bei der Bundesbahn bewährt hat. Die Erkenntnisse aus diesem probehalber eingeführten Tarifsystem, nämlich diesen rosaroten Zeiten, haben sich jetzt niedergeschlagen in dem neuen Tarifsystem und...

A: Hat das auch so einen schönen Namen?

Herr R: Das hat keinen schönen Namen, es heißt eigentlich nur, wenn man das ganz offiziell sagen will: "Neue Tarifstruktur" <Ach so!>, NTS, wenn man das so bezeichnen will. Also dieses neue Preissystem oder die neue Tarifstruktur der Bundesbahn hat, wie gesagt, aus diesen Erfahrungen gelernt. Sie sind eingeflossen in dieses Tarifsystem oder Preissystem, und natürlich, da die Bundesbahn natürlich auch kundenbewußt handeln muß und kundennah sein muß, hat man natürlich auch durch Umfragen, durch Bedarfsermittlungen herausbekommen, was wirklich den einzelnen Kunden interessiert. Da denke ich auch an die Jugendlichen, z.B. an Familien, Großfamilien, die hier auch besondere Berücksichtigung erfahren haben.

A: Und die Einzelpersonen, wie stehen die dazu?

Herr R: die Einzelpersonen, da kommt es drauf an, w e r reist. Es gibt sehr gute Pendlerkarten, die auch sehr gut angenommen worden sind, wie eine Zwischenbilanz der Deutschen Bundesbahn zeigt, gerade die...

A: Sie meinen so etwas wie Monatskarten <Ja, richtig!> für Leute, die zur Arbeit fahren, täglich zur Arbeit fahren.

Herr R: Genau, diese Stammkundenabonnements für Pendler sind sehr gut eingeschlagen. Dagegen ist z.B. der Superspartarif, wo man denken könnte, daß der nun gerade mit seinen 120 Mark Pauschalpreis über große Entfernungen...daß der besonders angeschlagen hätte und zum Zuge gekommen wäre, hat sich nicht ganz so bisher in den Verkaufszahlen behaupten können...

A: Wofür sind die 120 Mark? Sie meinen als Monatskarte?

Herr R: Das ist... nein, die 120 Mark sind ein einmaliger Betrag für eine Rückfahrkarte über einen weiteren Zeitraum, sagen wir mal z.B. von Bonn nach München.

A: Ach so! Kommt es drauf an, wie weit man fährt, oder ...

Herr R: Ja, ich meine es sind ab 201 Kilometer, also ab eine größere Entfernung gilt dieser Supersparpreis und dann nur zu einem bestimmten Tag. Hier meine ich nach meinem Erkenntnisstand kommen nur die Wochenenden in Frage, weil eben dort die Bundesbahn eben auch an Wochenenden attraktiv gestalten möchte, und wie ich schon andeutete, nur ab eine Mindestkilometerentfernung.

A: Ja, zweihundert.

Herr R: Zweihunderteins, meine ich, ist es, ich hab' das nicht ganz genau im Kopf, <Das kommt nicht genau drauf an> aber so ungefähr meine ich, müsse es sein. Summa summarum kann man feststellen, daß sich das neue Tarifsystem oder Preissystem der Deutschen Bundensbahn seit Einführung ab ersten März doch bewährt hat, und die Bundesbahn hat durch die Presse und auch so verlautbaren lassen, daß sie recht zufrieden ist.--

A: Es werden nicht nur noch unrentable Strecken stillgelegt, sondern es werden auch andere, bereits existierende Strecken ausgebaut, für schnellere Geschwindigkeiten ausgebaut, und ich glaube, es werden auch noch neue Strecken dazu gebaut, ja, Herr Raasch? Würden Sie uns bitte Ihr Fachwissen da zur Verfügung stellen?

Herr R: Ja, ganz kurz kann man das noch ergänzen. Mit dem Neubau der Strecken, wenn ich da beginnen darf, finden zunächst mal zwei Großbauvorhaben statt, nämlich die Neubaustrecke Hannover-Würzburg und die Neubaustrecke Mannhein-Stuttgart. Beide Neubaustrecken sollen bereits 1991 in Betrieb gehen und sollen dann auch mit unserm Paradezug, möchte ich mal so nennen, mit dem ICE, mit dem Intercity Experimental, oder wenn er aus der Pilotphase herausgetreten ist, mit dem Intercity Express, wie er dann heißen wird, befahren werden. Das heißt, die Bundesbahn muß natürlich im Rahmen der Konsolidierung auch im Gleichschritt eine Modernisierung ihres Wagenparks und natürlich der Gleiskörper der Betriebsanlagen vornehmen, um konkurrenzfähig zu sein mit den andern Verkehrsträgern und natürlich auch mit den übrigen europäischen Eisenbahnen.

A: Ja, wie hoch soll die Geschwindigkeit dieser ICEs denn werden?

Herr R: Die ICEs werden mit einer Durchschnittsgeschwindigkeit von etwa 250km pro Stunde fahren, angelehnt an den TGW, den die Franzosen ja mit Erfolg betreiben.

A: Aha! Ja, dann machen Sie ja wirklich den rasenden Autos auf der Autobahn Konkurrenz, und ich würde sagen, auch den Flugzeugen, denn da muß man ja immer noch die Zeit mit einberechnen, zum Flughafen hinzukommen, zu warten darauf, daß man in die Maschine kommt, mit Verspätungen rechnen usw.

Herr Raasch: Ja, die Devise lautet bei der Bundesverkehrspolitik jetzt für die Bundesbahn gesprochen: halb so schnell wie ein Flugzeug. So kann man das ganz kurz nennen. Die Bundesbahn fährt künftig -- also in den neunziger Jahren bis zur Jahrtausendwende -- halb so schnell wie ein Flugzeug <Donnerwetter!>. So kann man das ganz kurz sagen.

A: Ja, und wenn, wie gesagt, die Anfahrtzeit zum Flughafen, die Wartezeit dazukommt, fahren sie genauso schnell, oder, sagen wir mal, die Beförderung ist wahrscheinlich nicht langsamer als mit dem Flugzeug.

Herr R: Das ist richtig, weil Sie sich direkt in der City befinden.

A: Und viel billiger! Viel viel billiger!

Herr R: Die Tarife des neuen ICEs kenne ich noch nicht. Also, ob es nun billiger oder etwas billiger wird zum Flugzeug, kann ich im Moment noch nicht sagen. Die Tarife kenne ich noch nicht.

A: Also, da möchte ich beinah wetten, daß es billiger wird <Wahrscheinlich! Ich geh' davon aus!>, denn die Flüge innerhalb Europas sind ja unwahrscheinlich teuer, ja? Da ist ja gar keine Frage. -- Und noch eine Frage über die Stillegung der Strecken. Werden kleinere, nicht so rentable Strecken stillgelegt, und findet man dann Ersatz durch Busse, oder wie wird das gemacht?

Herr R: Ja, wie ein vernünftiger oder guter Kaufmann muß auch die Bundesbahn rechnen. Sie hat gerechnet in den Jahren schon zuvor, hat doch 'n ganz Teil von Strecken aus

Rentabilitätsgründen stillegen müssen. Das ist geschehen, manchmal auch zum Leidwesen der dort wohnenden Bevölkerung <Bestimmt, das kann ich mir denken!>. die natürlich die liebgewordene Bundesbahn gerne weiter hätten. Auf der andern Seite hat die Bundesbahn jetzt gerade in der jüngsten Zeit sogenannte Regionalgesellschaften mit ins Leben gerufen, d.h. daß Verbünde geschaffen werden, wo die Bundesbahn bedarfsgerecht mit dem jeweiligen Land und mit der Gemeinde entsprechende Ersatzvornahmen, möchte ich mal sagen, den Bürgern präsentiert durch Busse oder durch andere Unternehmungen, das kann auch sogar mal Taxis sein, Bedarfstaxis, wo eben dann der Kunde<preisgünstig>... ja, der Kunde wirklich bedarfsgerecht und nicht so aufwendig wie früher an sein Fahrziel kommt. Diese Vereinbarungen mit den Ländern stehen bei allen Bundesländern mit Ausnahme der Stadtstaaten, das sind also Hamburg und Bremen z.B., kurz vor dem Abschluß. Die meisten haben diese Vereinbarungen schon unterschrieben, bzw. sind kurz davor wie Hessen z.B., und die Bundesbahn erhofft sich, mit diesem neuen Angebot auch die ländlichen Bereiche, wo die Bundesbahn eben nicht so attraktiv und vor allem rentabel bisher arbeiten konnte, auch hier für die Bevölkerung ein entsprechendes und attraktives Angebot zu machen.

A: Sehr schön! -- Ja, ich bin ein großer Fan der Bundesbahn. Ich freue mich jedesmal, wenn ich eine längere Fahrt da machen kann. Es gibt für mich nichts Erholsameres, als mich da hinzusetzen, ans Fenster zu setzen mit einem schönen Buch, zwischendurch aus dem Fenster zu gucken, vor allen Dingen, wenn mal die Sonne scheint in Deutschland, was heutzutage eher rar zu sein scheint, und mich dort einfach an der Ruhe und der Sauberkeit zu erfreuen. Herr Raasch, ich danke Ihnen für dieses zweite* Interview und verabschiede mich von Ihnen.

Herr R: Danke schön!

*Es waren ursprünglich zwei Interviews, aus denen ich durch Kürzungen eins gemacht habe.

## (10:15) INTERVIEW ZU KAPITEL IVB
### Gespräch über einige Funktionen der Deutschen Bundespost

A: Ich befinde mich heute morgen in Kiel in der Oberpostdirektion, wo ich mit dem Präsidenten, Herrn Diplom-Ingenieur Schilling, ein langes und sehr aufschlußreiches Gespräch führte. Herr Schilling hat große technische und administrative Kenntnisse im Medienbereich. Davon ist einiges in den Text dieses Kapitels eingegangen. Als Tonband-Interview wäre das Gespräch zu lang und schwierig gewesen. In dem hier aufgenommenen Gespräch ist Herr Grünke, der persönliche Referent des Präsidenten, mein Gesprächspartner. Er ist für öffentlichkeitsarbeit und Marketing zuständig.

A: Herr Grünke, es ist sehr nett von Ihnen, daß Sie bereit sind, mir einige Fragen heute morgen zu beantworten. Wenn ich darf, fange ich mit einer Frage an, die sich vielleicht negativ anhört, aber wie ich in dem Geschäftsbericht gelesen habe der Post vom Jahre 1985, kann man von negativem Geschäft im allgemeinen natürlich gar nicht reden. Der Zuwachs bei Ihnen ist vor allen Dingen durch neue Datenverarbeitungsmöglichkeiten gekommen; aber was mir doch auffiel, ist, daß das Paketwesen sich rückläufig entwickelt hat, d.h., die Post hat sehr viel weniger Pakete versendet als in früheren Jahren. Gibt es dafür eine Erklärung?

Herr G: Ja. Frau Merrifield, ich freu mich sehr, daß Sie zu uns gekommen sind und möchte gleich auf Ihre Einstiegsfrage antworten folgendermaßen: In der Bundesrepublik Deutschland hat es seit eh und je ein Aufkommen an Paketpost gegeben von etwa 900 Millionen Stück im Jahr. Von diesen 900 Millionen Stück im Jahr haben seit eh und je 300 Millionen die Deutsche Bundesbahn befördert und weitere 300 Millionen die Speditionsgewerbe im Bundesgebiet. Das eigentliche Paketaufkommen der Deutschen Bundespost bewegte sich also um dieses letzte Drittel, diese 300 Millionen im Jahr, und diese Stückzahl...für diese Stückzahl hat es im Laufe der Zeit nie ein Monopol für die Deutsche Bundespost gegeben <Tatsächlich nicht?>. Es war immer dem Wettbewerb unterworfen. Es hat bisher nur wenige Wettbewerber gegeben. Das hat sich im Zuge der zunehmenden Motorisierung geändert. Es wurden mehr Fahrzeuge eingesetzt und konnten auch in unserm ausgebauten Bundesautobahnnetz mehr Lastfahrzeuge eingesetzt werden als früher, so daß die Begehrlichkeit dieser Wettbewerber sich nun auf das Potential der Deutschen Bundespost erstreckte.Sie kennen die veröffentlichten Verkehrs- und Bestandszahlen der Deutschen Bundespost aus unseren Veröffentlichungen, und daraus ist ersichtlich, daß von 1983 an -- da hatten wir z.B. im Jahr 247 Millionen Pakete noch befördert. Heute im Jahr 1985 -- die abschließenden Zahlen liegen dafür vor -- sind es immerhin noch 243 Millionen. In diese etwas gesunkene Stückzahl hinein sind die

Wettbewerber gestoßen wie z.B. UPS...

A: UPS auch bei Ihnen hier in Deutschland?

Herr G: UPS auch bei uns in Deutschland, die eine aufsteigende Ausweitung ihres Geschäftsbetriebes haben.

A: Herr Grünke, für die Amerikaner ist es absolut erstaunlich, daß die Deutsche Bundespost auch ein Monopol im Bankwesen hat. Natürlich hat sie nicht das Monopol für alles Bankwesen, aber daß man auf der Deutschen Bundespost ein Sparbuch haben kann, daß man sogar ein Girokonto dort haben kann, und wenn ich richtig informiert bin, dann ist die Deutsche Bundespost vielleicht sogar das größte, das populärste Bankwesen in der Bundesrepublik. Was meinen Sie? Wie ist das möglich? Warum ziehen die Leute vor, bei der Post zu sparen und ein Scheckkonto zu haben?

Herr G: Frau Merrifield, ich glaube, zur Beantwortung Ihrer Frage darf ich etwas ausholen. Zunächst einmal: die Deutsche Bundespost ist nicht das größte Bankunternehmen in der Bundesrepublik Deutschland, aber -- ich benutze Ihr Wort gern -- es ist das populärste. Das ist von der Geschichte her vielleicht folgendermaßen zu erklären: Ende des vorigen Jahrhunderts, Anfang dieses Jahrhunderts gab es noch keine deutsche Postbank. Alle Sendungen im Wertdienst enthielten überwiegend Bargeld. Nun hatte man natürlich...

A: Vom Geldbriefträger ausgetragen.

Herr G: Vom Geldbriefträger ausgetragen! Nun hatte man natürlich das volkswirtschaftliche Bedürfnis, dieses Geld zu konzentrieren, damit man damit arbeiten kann, und die Beträge des kleinen Mannes... des kleinen Mannes waren nicht so groß, daß er die Schwellenangst überwand, um in die vielen vorhandenen deutschen Bankinstitute einzutreten, die übrigens damals noch keineswegs die Verpflichtungen hatten, die wir heute kennen. Damals hatte man dann also gesagt, wir eröffnen einen Post-Girodienst. Dieser Post-Girodienst ist also zinslos, aber er war ein Sammelbecken kleiner Gelder. Dafür eignete sich deswegen besonders gut die damalige Deutsche Reichspost, weil sie in nahezu jedem Dorf, in jeder Kleinstadt eine Filiale, sagen wir eine Amtsstelle hatte, in die jeder sowieso tagtäglich hineinging. Es lag also nahe, sich dieser Dienstleistung zu bedienen, um eben auch dieses Geld des kleinen Mannes in einen großen Topf hineinzubekommen, mit dem volkswirtschaftlich gearbeitet werden konnte.

A: Und es gibt heute noch den Vorteil, daß diese Schalter bei der Post, bei denen man Geld bekommen kann, nicht nur von neun bis zwölf und von zwei bis vier geöffnet sind, sondern eigentlich viele Stunden.

Herr G: Ja, zum Teil am Wochenende, zum Teil in großen Städten rund um die Uhr auch mit Nachtbetrieb, so daß die Dienstleistung des Postsparkassendienstes jederzeit in Anspruch genommen werden kann. Ich darf dazu sagen, wir haben in der Bundesrepublik Deutschland 21 Millionen Postsparer. Bezogen auf eine Bevölkerung von 60 Millionen ist das eine ganz Menge, auf die wir natürlich stolz sind. Wir haben nur zwei Postsparkassenämter, die diese Kunden betreuen. Das eine ist in Hamburg, das andere ist in München, und auf diesen Konten bewegen sich im Jahresdurchschnitt etwa 34 Milliarden DM.

A: Unglaublich! Ja, ich habe auch gelesen in Ihrem Geschäftsbericht, daß die Zinsen höher sind... die Sparzinsen beim Postamt als bei einer Bank. Wie ist das möglich?

Herr G: Nein, das ist heute so liberalisiert, daß man diese Generalaussage eigentlich nicht mehr treffen kann. Nein!

A: Das muß in der Vergangenheit so gewesen sein.

Herr G: Das war in der Vergangenheit ein Anreiz, die kleinen Geldbeträge, die sonst im Sparstrumpf der einzelnen Haushalte waren, überhaupt auch zur Post zu bringen und dort zu sparen. Wir dürfen ja nicht übersehen, daß das Sparverhalten früherer Generationen doch etwas anders war als heute. Man vertraute damals nicht so sehr sein Geld einer anonymen Einrichtung wie einem Amt an, sondern hatte es lieber zu Hause in der Matratze, oder im Sparstrumpf <Sparschweinchen!> oder im Sparschweinchen. Und deswegen mußte es damals einen Anreiz geben, um diese Kunden also zu animieren, ihr Geld zur Post zu bringen. Es ist in der Zeit üblich gewesen, daß die Zinsleistung der Reichspost oder auch der Deutschen Bundespost später etwa ein Viertel Prozent über den markgängigen anderen Zinsen lag. Das ist aber heute so liberalisiert worden, daß man das nicht mehr als allgemeine Aussage stehen lassen kann.

A: Ja, also ich glaube, ich werde mein deutsches Bankkonto auch auf die Post übertragen.

Herr G: Wir würden uns sehr freuen, Frau Merrifield <Gelächter!>.

A: Da ist nicht sehr viel drin, aber die Post würde für mich viel gelegener sein wegen der Zeiten. Das einzig Unangenehme, was ich in der Hinsicht erfahren habe, ist, daß es einem passieren kann, daß man an einem kleinen Bahnhof, an dem ein Postschalter ist, an dem man nur eine Briefmarke haben möchte, daß jemand mit seinem Postsparbuch vor einem steht, der für die letzten 8 Monate sein Buch aufs laufende gebracht haben will. Da kann man lange auf eine Briefmarke warten. <Mag sein!> Nun, es ist unmöglich, daß es nur Vorteile gibt. -- Herr Grünke, ich danke Ihnen sehr für Ihren Beitrag. Es war von Ihnen sehr freundlich, daß Sie mir und uns Ihre Zeit gewidmet haben, und damit verabschiede ich mich von Ihnen.

Herr G: Das ist gerne geschehen!

A: Auf Wiedersehen!

End of Tape 3, Side 1

Tape 3, Side 2-(22:45)

## (7:15) INTERVIEW ZU KAPITEL IVC
### Gespräch mit einem Bankangestellten

A: Ich bin heute morgen im Lande Schleswig-Hostein in der Eckernförder Volksbank. Ein leitender Angestellter hat uns die Daten zur Verfügung gestellt Er selber aber war unabkömmlich zu einem persönlichen Gespräch. Liebenswürdigerweise ist Frau Petersen an seine Stelle getreten. -- Frau Petersen, welche Dienstleistungen bietet die Bank ihren Kunden an, wenn ich das fragen darf? Ich meine zunächst einmal einer Privatperson wie mir zum Beispiel?

Frau P: Die Eckernförder Volksbank kann ihren Kunden als Universalbank sämtliche im Bankenbereich möglichen Geschäfte und Dienstleistungen anbieten und abwickeln. Durch angeschlossene Verbundunternehmen ist sie außerdem in der Lage, ihren Kunden Versicherungen aller Bereiche, günstige und variable Baufinanzierungen, steuerbegünstigte Kapitalanlagen, Immobilienvermittlung usw. anzubieten. Sämtliche finanzielle Angelegenheiten eines Kunden können somit von der Bank aus einer Hand abgewickelt werden. Vorrangige Angebote an Privatpersonen: Gehaltskonten, Sparkonten, begünstigte Sondersparformen, überziehungskredit, Daueraufträge, Lebensversicherung, Sachversicherungen, wie Kfz.-Versicherung, Gebäudeversicherung, Unfallversicherung usw.und festverzinsliche Wertpapieranlagen.

A: Donnerwetter! Da bleibt ja wirklich nichts zu wünschen übrig! Wie hoch sind z.Zt. die Sollzinsen für ein Darlehen?

Frau P: Sollzinsen für einen genehmigten, kurzfristigen überziehungskredit betragen 9,75%. Bei nicht genehmigter Kontoüberziehung zusätzlich 5% überziehungsprovision. Langfristige Darlehen <Hypothekenfinanzierung> je nach Laufzeit.

A: Kann jeder ein Darlehen bekommen, oder welche Voraussetzungen müssen da geschaffen sein?

Frau P: Darlehen können jedem Kunden gewährt werden, der entsprechende Sicherheiten hinterlegt. Sicherheiten können Guthaben anderer Konten, Wertpapiere, Lebensversicherungen, Grundbucheintragungen, übereignung eines PKWs usw. darstellen. Kurzfristige Kontoüberziehungen sind in der Regel auch ohne Sicherheit bis zu 2-3 Monatsgehältern möglich.

A: Wenn man z.B. ein Haus kaufen und bei der Bank eine Hypothek aufnehmen will, wie hoch muß da die Eigenbeteiligung sein -- also ich meine den Mindestprozentsatz der Anzahlung. In Kalifornien liegt der jetzt so zwischen 10% und 20%.

Frau P: Im privaten Wohnungsbau werden Häuser bis ca. 70%

fremdfinanziert. In Ausnahmefällen bei entsprechender Bonität des Kunden bis ca. 80%. Der Rest muß als Eigenkapital vorhanden sein oder durch entsprechende zusätzliche Sicherheiten, z.B. Eintragung einer Grundschuld oder Hypothek auf eine bereits vorhandene Immobilie, abgesichert werden.

A: Aha! Und wie hoch ist jetzt der Zinssatz eines Sparkontos?

Frau P: Sparkonten mit gesetzlicher Kündigungsfrist: 90tägige Kündigungsfrist 2%, 12monatige Kündigungsfrist 3%, 30monatige Kündigungsfrist 3,75%, 48monatige Kündigungsfrist 4,5%

A: Hm! Das ist anders als in der Bank, bei der ich in Hamburg ein kleines Sparkonto habe. Die geben mir nur 3 1/2%, wenn ich 48 Monate im voraus kündige. Allerdings haben die auch gesagt, daß Ausländer weniger Zinsen bekommen als Deutsche. Sie meinen, das ist kein einheitlicher Satz, ja?

Frau P: Ja, ich bin erstaunt, das zu hören. Ich kann mir kaum denken, daß für Ausländer schärfere Bedingungen bestehen. Die verschiedenen Kassen handhaben diese Sätze unterschiedlich.

A: Aha! Anders als in den USA leisten die deutschen Banken für ihre Kunden auch Maklerdienste an der Börse. Wie geht das praktisch vor sich? Schickt Ihre Bank einen Vertreter zur Börse, oder hat sie ständig einen anwesend, oder wird das alles telefonisch abgewickelt?

Frau P: Die Bank ist ständig durch einen eigenen Börsenmakler an der Börse vertreten. Bei kleineren Banken vertritt er häufig gleichzeitig mehrere Institute. über diesen Börsenmakler ist die Bank in der Lage, sämtliche handelbaren Wertpapiere auch an anderen deutschen oder ausländischen Börsenplätzen zu ordern. Wertpapierkauf, bzw. Verkaufsaufträge eines Kunden werden von der Bank entgegengenommen und schriftlich, per Telex oder telefonisch an den Börsenmakler weitergeleitet. Damit eine schnellstmögliche Ausführung gewährleistet ist und die Abwicklung zum aktuellen Börsenkurs erfolgt, werden die meisten Aufträge telefonisch weitergeleitet.

A: Die Frankfurter Börse ist täglich nur zwei Stunden geöffnet -- zum Erstaunen aller Amerikaner! Bedeutet das, daß nur während dieser zwei Stunden gekauft oder verkauft wird -- oder werden den Rest des Tages über Fernkommunikationsmedien wie Telefon und Telex weiter Geschäfte abgewickelt?

Frau P: Der Wertpapierhandel wird an den deutschen Börsen in der zweistündigen Börsenzeit abgewickelt. Ergänzt wird diese Börsenzeit durch die sogenannte kurzfristige Vor- und Nachbörse. Während dieser Zeiten können bestimmte Papiere im Freiverkehr gehandelt werden. Die Vor- und Nachbörse spielt jedoch eine untergeordnete Rolle.

A: Frau Petersen, danke schön für diese Auskunft. Wir sind Ihnen besonders zu Dank verpflichtet, weil Sie die Rolle als Gesprächspartnerin so kurzfristig und unvorbereitet übernommen haben. Ich verabschiede mich damit von Ihnen. Auf Wiedersehen!

Frau P: Auf Wiedersehen, Frau Doktor Merrifield!

## (15:30) INTERVIEW ZU KAPITEL IVD
### Gespräch über Werbung

A: Wir befinden uns heute in Hamburg, und mein Gesprächspartner ist Herr Prick bei Beiersdorf AG., und Herr Prick ist der Marketing Leiter für eine bestimmte Produktgruppe. Herr Prick, darf ich Sie fragen, welches Ihre Produktgruppe ist?

Herr P: Ja, ich bin hier im Inland zuständig für Kosmetikprodukte -- es geht hier insbesondere um die Marke Nivea -- und in diesem Bereich betreue ich als Marketingleiter mit einigen Kollegen zusammen die Nivea Creme, die Nivea Milk und die Nivea Lotion, das deutsche Sonnenschutz-Geschäft und die Handpflegemarke Atrix. Wenn Sie die nicht kennen, in Deutschland hat sie zumindest einen großen Namen.

A: Ja, Nivea kenne ich von Kindheit an. Es ist wohl die erste Creme, an deren Namen ich mich erinnern kann. Ich finde es interessant, daß Sie Nivea Lotion sagen. Sagen Sie das auch in Deutschland? <Ja!> Ist das schon ein in die deutsche Sprache übernommener Name?

Herr P: Ja, wir haben ein Produkt, das wir als Nivea Lotion bezeichnen neben der Nivea Milk. Also es sind durchaus jetzt zwei Produkte mit dem Markenzeichen Nivea: ein Produkt Nivea Milk, das andere Produkt Nivea Lotion.

A: Milk ist natürlich auch ein amerikanischer Name, ja? oder aus dem Amerikanischen übernommen. Sie sagen nicht Milch, sondern Sie sagen Milk.

Herr P: Das ist so traditionell aufgebaut worden seinerzeit in der Vorstellung, ein einziges Produkt für die Körperpflege. Mittlerweile ist der Markt so groß, daß wir uns überlegt haben, ein zweites Produkt einzuführen, das aus ganz bestimmten markttechnischen Gründen nicht unter dem Niveabild laufen sollte, sondern ein zweites, ein völlig anders wirkendes Produkt sein, allerdings unter der Marke Nivea vertrieben werden. Also wenn man so will, wir haben zur Schwester Milk noch eine Zwillingsschwester Nivea Lotion dazugegeben.

A: Sie haben mit Nivea-Reklame großen Erfolg gehabt. Jedenfalls las ich in Ihrem Hauskurier im April 1986, daß Sie da einen Effie-Preis gewonnen haben <Ja!>. Effie heißt, glaube ich, Effizienz und bedeutet, daß Sie besonderen Verkaufserfolg auf Ihre Reklame hin gehabt haben, ja? <mhm, mhm!>. Können Sie etwas dazu sagen? Wie haben Sie das fertig gebracht?

Herr P: Nun zunächst mal zu dem Preise ist zu sagen, daß wir in der Regel sehr kritisch bei solchen Preisen sind. Es gibt eine

Fülle von Auszeichnungen der Werbewelt oder Marketingwelt, der Verkaufswelt. Wir halten also eigentlich nichts davon. Wenn es zwei Auszeichnungen gibt, auf die wir... die wir ernsthaft genug sind, ...<unverständlich>..., dann ist es einmal der Marketing-Preis. Dort haben wir auch einmal gewonnen vor Jahren, den deutschen Marketing-Preis gewonnen, und es ist zweitens dann dieser Effie <Effie-Preis>, der für Effizienz in der Werbung steht. Um mal zu sagen, es gibt andere Preise in der Werbung, ein Preis für TV-Spots, der heißt dann "Die Klappe", "Die goldene Klappe". Oder ein Preis für graphische Leistungen, für alle möglichen Bereiche der Werbung gibt es viele...

A: Aber d e r Preis ist nicht annähernd so bedeutend wie der Effie-Preis.

Herr P: Der Effie, der für Effizienz der Werbung steht, nämlich für Schönheit der Werbung steht, und wir haben ihn bekommen, weil unsere Nivea- Kampagne seit 12 Jahren, wenn man so will, unverändert im Ansatz ist. Unsere... wir nennen Sie intern Cartoon-Kampagne.

A: Sie sagen, unverändert im Ansatz?

Herr P: Im Konzept unverändert, ja, im Konzept unverändert seit 12 Jahren..

A: Das ist positiv?

Herr P: Das ist für uns positiv, ja.

A: Ja, ich habe auch gelesen, daß Sie etwa 80 Motive haben über Nivea, und ich nehme an, daß ein Motiv eine Verbindung von Bild und Sprache ist, also wie Z.B. bei dem Vogel, dessen Leib die Niveadose ist und der -- was sagt der irgendwie -- "eine zarte Haut..."

Herr P: ..."schützt auch Ihre Haut"...nee, "nimmt Haut unter ihre Fittiche, nimmt zarte Haut unter ihre Fittiche."

A: Ah, ja, gut! und das nennt man ein "Motiv".

Herr P: Das nennen wir ein "Motiv". Es ist ein Anzeigenmotiv, und da sind im Laufe dieser 12 Jahre sicherlich über 80 Motive erschienen.

A: Die werden aber nicht alle zur selben Zeit gebraucht <Nein!>, sondern sie lösen sich ab.

Herr P: Die lösen sich ab, denn die Werbung lebt ja von neuen Motiven, von neuen Anstößen. Das Problem ist nach wie vor: die Marke ist so bekannt, daß man sie gar nicht mehr beachten würde, und sie wird nur interessant, wenn man d i e altbekannte Nivea mit immer neuen Motiven zeigt.

A: Und Sie sagen "Cartoon".

Herr P: Cartoon, ja.

A: Cartoon ist die beste Werbung.

Herr P: Das ist so eine zeichnerische Umsetzung, das ist ja, wenn man so will, das Ziel dieser Werbung, nämlich über solche Verfremdungen durch ein Symbol -- und der Eisvogel in diesem Beispiel ... Sie hatten ja diesen Vogel angesprochen ... steht der Vogel als Symbol für eine Leistung der Creme. Wir arbeiten in der Werbung mit solchen Symbolen. Da steht ein Wassertropfen in Form einer Nivea Creme für die Leistung Feuchtigkeit. Oder da steht die Niveadose als Gegenstand dargestellt als ein besonderes Schmuckstück für die Haut. Oder da steht... ja, da steht ein Brunnen in Form einer Niveadose für jugendliche Haut, den Jungbrunnen der Haut.

A: Da fällt mir ein, daß die Mutter einer Freundin, die noch mit fünfundsiebzig kaum Falten im Gesicht hatte, auf meine Frage hin, wie sie das geschafft hätte, sagte: "Ja, eigentlich hab ich gar nichts gemacht, ich hab' nur mal ab und zu Nivea Creme drauf geschmiert. Das wäre für Sie als Reklame zu gebrauchen.

Herr P: übrigens ein Hinweis: Gerade diese alte oder junge Nivea Creme feiert in diesem Jahr den 75. Geburtstag. <Tatsächlich?> Ja, wir haben ein Jubiläumsjahr. Wir sind... die Nivea Creme ist in der Tat die erste Hautcreme der Welt schlechthin, kann man sagen. Es war nämlich die erste Creme 1912, die in der Welt auf den Markt kam, die zum erstenmal Fett und Feuchtigkeit zusammenführte. Zu dieser Zeit -- 1911/1912 -- gab es nur entweder Fettcreme, fettige Cremen, die sehr schnell ranzig wurden, oder Feuchtigkeitscreme.

A: Ja, das heißt "moisturizer" bei uns.

Herr P: Richtig, richtig! Und dieses hat Nivea durch einen besonderen Emulsionstyp <miteinander verbunden> miteinander verbunden, und das war dann, wenn man so will, die...

A: In der Creme oder der Lotion oder der Milk?

Herr P: In der Creme! Die Milk ist heute -- vor wenigen Jahren haben wir sie etwas verändert -- aber sie ist eigentlich dieselbe ... derselbe Grundgedanke. Das ist auch ein ganz bestimmter Emulsionstyp.

A: Wahrscheinlich mehr moisturizer und weniger Fett? Oder?

Herr P: Das ist ... <unverständlich>... zu stellen. Ich würd' mal so sagen: Nivea Creme ist vom Rezepturaufbau eher eine Salbe.

A: Nun, Sie haben... Sie treiben Handel mit andern Ländern, ja? Oder sagen wir mal, Sie haben ein großes Geschäft mit andern Ländern, unter anderen mit den USA <Ja!>. Wie groß ist das Geschäft?

Herr P: Dieses Geschäft ist also vom gesamten Umsatz, um ein Beispiel mal zu sagen, noch ein kleines Geschäft -- 5% -- das aber ein enormes Wachstum in den letzten Jahren aufträgt. Man muß es so sehen, daß die Marke Nivea uns im Krieg verloren ging, und wir haben die Markenrechte erste vor wenigen Jahren zurückgewinnen können, und von daher auch mehr Anstrengungen auf dem amerikanischen Markt.

A: Ja, es ist erst ein paar Jahre her, daß ich drüben ohne Schwierigkeiten Nivea fast in jedem Drugstore kaufen kann, während ich sie mir früher aus Deutschland mitgebracht habe, das stimmt. -- Nun, was diese Werbemotive anbetrifft, müssen Sie natürlich für jedes Ausland sich etwas anderes einfallen lassen, ja? Denn man kann ja oft nicht mit dem Bild und der Sprache <richtig> in Übersetzung spielen. Haben Sie da... was für Leute stellen Sie dafür an? Sind das Leute, die Englisch gelernt haben oder Französisch und auch die Kultur kennen, die ... ja!

Herr P: Ja! Das läuft in der Regel so, daß die Marke selbst, das Konzept einer Marke, nämlich das ist der Charakter eines Produktes, die Rezeptur, die Verpackung, die Zielgruppe, die wir uns für dieses Produkt vorstellen, daß dies Konzept hier von der Zentrale aus Hamburg kommt. Und ein solches Konzept dann auch für die Werbung gilt, ein Basiskonzept, wenn man so will, international erarbeitet wird ... hier in Hamburg, wobei wir auch unsere Kollegen aus wichtigen Ländern dabei haben. Unsere Kollegen aus den USA, die sind z.B. heute hier im Hause <Tatsächlich?> Ja, heute laufen amerikanische Gespräche. Die Umsetzung allerdings dieses Konzeptes geschieht dann auf Landesebene, d.h. daß die amerikanischen Kollegen in den USA dort ihre Werbung beauftragen dieses Konzept unter Zugrundelegung unseres Motivs <in ein entsprechendes Motiv umzuwandeln> ja! Das richtet sich aber auch nach der Bedeutung der Marke. Es gibt ja mehr oder weniger internationale ausgeprägte Marken wie Nivea, es gibt andere eher nationale Marken. Es kommt auf die ...<unverständlich> in den Märkten an.

A: Ja, ich hätte noch zwei Fragen, die ich gern fragen möchte. Die eine ist, ob Sie mit Ihrer Werbung bestimmte Zielgruppen ansprechen wollen, oder wenden Sie sich ganz allgemein an die Leute.

Herr P: Nein! Selbstverständlich an die von uns angedachte Zielgruppe. Sehr sehr genau. Wenn wir also ein Deo=Spray entwickelt haben, von dem wir uns vorstellen, daß sie von besonders jungen Menschen verwandt <besser: verwendet> werden sollte, insbesondere jungen Mädchen vielleicht, dann würde sich ein solches Produkt jugendlich geben. Die Verpackung wäre jugendlich. Der Duft würde dem Geschmack der jungen Leute entsprechen, und die Werbung mit ihrem Auftritt, ihren Anzeigen, die TV-Spots würden selbstverständlich auch jugendlich daher kommen, und wir würden uns auch in den entsprechenden Medien, in den Zeitschriften <die die Jungen lesen>, die von den Jungen gelesen werden, richtig!

A: Ja, haben Sie auch Zielgruppen, was das Einkommen der Leute anbetrifft. Wenden Sie sich an wohlhabendere Leute oder...

Herr P: Da würden wir sagen, das ist mehr durch Produktpolitik unseres Hauses bestimmt, eher an den breiten Haushalt, an die Massenprodukte, damit meine ich den Durchschnitt...

A: ...den Durchschnittsverdiener, der ja in Deutschland keineswegs arm ist.

Herr P: Wir haben ja keine Luxusmarken und die <unverständlich; passen würde "Wohlhabenden"> sind auch nicht unbedingt Käufer unserer Produkte.

A: Ja, und dann wollte ich noch fragen, wie Sie Ihren Werbeetat verteilen. Wo wird die meiste Reklame gemacht? In Zeitungen oder Zeitschriften, Fernsehen, Radio? Haben Sie da bestimmte Richtlinien, oder...?

Herr P: Es gibt dort keine Richtlinien. Es ist so, daß im Gegensatz zum amerikanischen Markt wir ja eigentlich nur zwei Fernsehanstalten kennen und von dorther die Zeiten limitiert sind. Das ist ein öffentlich-rechtliches Unternehmen, deren <korrekt:dessen> Werbevolumen pro Tag auf eine halbe Stunde begrenzt ist und von daher auch unsere Möglichkeiten sehr sehr begrenzt sind. D.h. es kann nur, selbst wenn wir wollten, ein ganz bestimmter Teilbetrag und Aufwendung ins Fernsehen fließen. Der Großteil wird in den Zeitschriften eingeschaltet. Radio hat einen geringeren Stellenwert. Also man könnte sagen: in erster Linie Anzeigen, zweitens Fernsehen, drittens Radio, viertens Außenwerbung, worunter wir Plakate verstehen, <unverständlich>, Ähnliches.

A: Was meinen Sie mit Anzeigen? In der Zeitung?

Herr P: In der Zeitung! In der Regel weniger Tageszeitungen, sondern die Illustrierten, also Magazine.

A: Ja. Das deutsche Fernsehen ist ja dabei sich zu ändern, ja? <Mhm!> Man spricht von privaten Programmen, die über Satelliten eingespeichert werden, Breit<band>verkabelung usw. Arbeiten Sie da schon im voraus, daß Sie da mehr Zeit... werden Sie da mehr

Reklame machen im Fernsehen?

Herr P: Das wird sicherlich eines Tages so sein. Zunächst mal ist das Ganze in Deutschland ein Experiment. Weiter ist es noch nicht. Es gibt Versuche von verschiedenen Sendern, Privatsendern, die lediglich sich finanzieren über Werbung, eigentlich wie es in den USA ist, Fuß zu fassen. Allerdings ist die Reichweite der Sender noch nicht groß genug, daß es für uns wirklich interessant wäre. Wir sind im Grunde genommen nach wie vor angewiesen auf das 1. Deutsche Fernsehen und das 2. Deutsche Fernsehen, und die dürfen nun mal, wie ich vorhin sagte, nur eine halbe Stunde pro Tag Werbung einschalten in diesen bewußten Werbeblöcken, und da ist unsere Zeit einfach begrenzt. Und unsere Möglichkeiten. Wir würden gern viel mehr <Werbung im> Fernsehen machen können. Es ist so, daß das Fernsehen noch in der Lage ist zuzuteilen. Diese Leute teilen uns zu, wieviel Werbung wir bekommen.

A: Ja, es geht nicht anders herum.

Herr P: Es geht nicht anders herum.

A: Das ist interessant. Sehen denn die Deutschen wirklich diese Reklamen? Ich meine, setzen Sie sich in der halben Stunde, in der es Reklame gibt, an den Apparat? Denn in den USA, wenn es bei uns Reklame gibt, stehen wir auf und waschen das Geschirr oder ...

Herr P: Nein, sie sitzen vor dem Fernseher. Natürlich nicht jeder Bundesbürger sitzt vor dem Fernseher, aber eine ganz bestimmte Anzahl, und das sind dann eben 20 oder 30%, die dann eben doch...

A: Die dann bleiben für die Reklame, oder extra für Reklame einschalten.

Herr P: Nein, das wird wohl keiner machen, so interessant ist die Werbung nun nicht, aber die Werbung ist dann so, daß zwischen den Werbeblöcken zur halben Stunde... zur halben Stunde, ja, die interessanten Filme laufen....

A: Ah, so! Also Filme sind jetzt doch zwischen der Werbung!

Herr P: Ja, aber komplette Filme, die 'ne halbe Stunde laufen, Western oder Krimis oder Abenteuerfilme...

A: Komplette Filme in einer halben Stunde...

Herr P: Es sind die Serien, die wir ja auch aus USA kaufen...

A: Soap operas!

Herr P: Genau! Das sind diese berühmten soap operas, die dort laufen. Wochenprogramm mit vielen Folgen, und nach Ablauf eines solchen Films, nach einer halben Stunde Filmlaufzeit, kommt dann 5 Minuten Fernsehen als Spot-Werbung.

A: Ja, Herr Prick, ich danke Ihnen sehr für dieses Gespräch und möchte mich damit verabschieden. Auf Wiedersehen!

End of Tape 3, Side 2

Tape 4, Side 1-(28:05)

## (14:45) INTERVIEW ZU KAPITEL VA
## Gespräch über Geschäftspraktiken und Umgangsformen

A: Dieses ist das einzige Gespräch, das ich nicht im Sommer 1987, sondern vier Jahre früher aufgenommen habe. Die Umgangsformen und Geschäftspraktiken haben sich aber nicht oder nur so wenig geändert, daß keine Veranlassung bestand, eine neue Aufnahme zu machen. Das folgende ist nur ein Ausschnitt eines sehr langen Gesprächs. Mein Gesprächspartner ist Herr Runge, Vize-Präsident der Verkaufsabteilung der Norddeutschen Schleifmittel-Industrie Christiansen &Co. in Hamburg-Lurup. Ab und zu hören Sie Herrn Kugler, den Personalleiter der Firma, den ich vorher interviewt hatte. Das Gespräch fand in Hamburg statt. Herr Kugler ist Bayer, Herr Runge Hamburger.

A: Haben Sie Erfahrungen oder vergleichsweise Erfahrungen mit der amerikanischen wie auch der deutschen Geschäftswelt, Herr Runge?

Herr R.: Ja.

A: Haben Sie! Gut! Was würden Sie sagen, wo ist der Unterschied am deutlichsten?

Herr R.: Ich würde sagen, die kurzfristige Gewinnorientierung amerikanischer Manager hebt sich von der deutschen Mentalität ab, die also mehr auf eine langfristige Zielsetzung ausgerichtet ist.

A: Die Amerikaner wollen immer schnell Gewinne sehen?

Herr R.: Hier und heute, ein Programm -- der Begriff "Programm" kommt bei Ihnen ja in jedem zweiten Satz vor-- man steuert nicht ein Unternehmen als Ganzes, <...unverständlich> sondern man steuert ein bestimmtes Programm und mag vielleicht dann auch die Interdependenzen zwischen unterschiedlichen Programmen beachten.

A: Das hört sich für mich so an, als ob das Endresultat nicht sehr günstig sein kann für die Amerikaner.

Herr R.: Nein, im Gegenteil, ich würde sagen, die Gewinne, die in Amerika erzielt werden, sind prinzipiell höher, weil man eine ganz andere Einstellung zum Gewinn hat als bei uns...wenn ich das richtig weiß, dann liegen veröffentlichte Bilanzgewinne der Amerikaner nicht selten zwischen 5 und 10 Prozent vor Steuer. Wenn Sie das in den deutschen Aktiengesellschaften anschauen, dann haben wir fast zwischen 1 und 2 Prozent. Das hängt auch mit der *Kapitalsausstattung* deutscher und amerikanischer Unternehmen zusammen. Normalerweise ist bei Ihnen die Kapitlausstattung, die Eigen-Kapitalausstattung ja über 50 Prozent oder in der Nähe. Bei uns ist sie gut, wenn sie ein Drittel ausmacht. Insofern würde ich sagen, es ist ein professionelleres Managen unter den Tagesgesichtspunkten, man ist also viel bewußter im Umgang mit der Zeit und macht im allgemeinen mehr Druck. In sofern würde ich sagen, da ist mehr Qualität, aber, was sich so abhebt von meinem Erfahrungsschatz hier ist schlicht und eindeutig die Tatsache, daß man eben nicht so in langfristigen, langjährigen Bezügen denkt, wobei ich jetzt unterscheiden muß: hier ist meine Erfahrung im Hause so, daß ich ein bißchen mit den Strategieentwicklungen zu tun habe. Wenn ich einen amerikanischen Kunden besuche, dann spreche ich natürlich über das Hier und Heute und über Taktik und nicht über Strategie, nicht? Und in sofern ist mein Erfahrungsausschnitt da vielleicht etwas schmaler.

A: Wo ist der Unterschied zwischen Taktik und Strategie?

Herr R.: Ich würde sagen, zunächst mal in der Zeit. Alles das, was unter einem Jahr ist, das würde ich Taktik nennen...in unserem Geschäft. Das hängt ja auch sehr von Geschäftsfällen ab. Alles was mindestens so über drei Jahre geht, ist eindeutig Strategie. Dazwischen ist wohl eine Grauzone, und ich würde sagen, alles, was das Hier und Heute angeht, würde ich Disposition nennen.

A: Wenn aber der deutsche Geschäftsmann durch seine größere Umsicht oder Weitsicht am Ende nicht mehr Profit bekommt als der Amerikaner, sondern viel weniger, dann müßte man eigentlich von den Amerikanern lernen, so kurzfristig auf Gewinn zu sehen. Was meinen Sie?

Herr R.: Ja, Profit ist eine Sache. überleben ist eine andere Sache. Wenn Sie das vergleichen z.B. mit den Japanern, dann würde ich sagen, sind die Japaner noch langfristiger im Denken als wir, und ich habe es irgendwo mal gelesen --das ist nicht von mir-- daß wir in der Orientierung zu diesen Fristigkeiten so in der Mitte stehen, und ich würde dann davon ableiten, daß wir in der goldenen Mitte stehen. Japaner haben z.B. das Kamera-Geschäft in Europa mit Dumping- Preisen und mit der Niederknüppelung der Konkurrenz aufgezogen. Da hat man also langfristig Verluste hingenommen --denn die haben auch nicht daran verdient, wenn sie hier Vogtländer und Rolleigh vom Markt geboxt haben-- um sich selbst irgendwann einmal den Marktanteil zu sichern, und solche überlegungen sind in amerikanischen Unternehmen schwieriger, daß jemand wirklich mal sagt, wir nehmen die Nachteile Hier und Heute über mehrere Bilanzperioden hin in Kauf, um dann hinterher mal gut dazustehen, den ganzen Markt allein zu haben. Und ich habe da ein ganz konkretes Beispiel: Eine Firma, die ich besucht habe, hat mal mir so'n bißchen Einblick gegeben in ihre langfristigen Pläne mit uns, und da hab' ich mal die Frage gestellt, was das bedeutet "Hier und Heute", und die haben gesagt, letztlich kommt es darauf an, daß wir unser

Budget fürs nächste Quartal so fahren, daß die Sollzahlen erledigt sind. Der gute amerikanische Manager hat die Zeit und hat auch den überblick, sich dann über das Budgetdenken für Hier und Heute hinwegzusetzen und auch Strategien vorzubereiten.

A: Und an den Umgangsformen zwischen oder mit deutschen und amerikanischen Geschäftspartnern...ist da irgendetwas noch auffällig?

Herr R.: Ja, zunächst einmal ist ganz äußerlich auffällig, daß man sich da mit dem Vornamen nach zwei Sekunden im Grunde genommen begrüßt..

A: Ja, das sagen wir unseren Studenten, daß sie das um Gottes willen nicht machen sollen und die Deutschen vor den Kopf schlagen sollen!

Herr R.: Ja, ich meine... sehen Sie, ich bin jetzt über vier Jahre insgesamt ein Jahr drüben gewesen, also 25% meiner Zeit habe ich also in Amerika verbracht. Also mir würde was fehlen, wenn das nicht so wäre. Die ersten zwei Male, die ich drüben war, ja, da habe ich das meiner Frau erzählt und das mit meinen Kollegen besprochen, wie das da so ist...heute ist das für mich so normal, daß ich also...

A: Ja, man gewöhnt sich sehr daran...

Herr R.: Ja, ich frage mich, warum wir uns hier nicht mit Vornamen und mit "Sie"z.B. anreden. Es würde ja doch 'n bißchen die Nähe, die man miteinander hat, unterstreichen, aber das ist eben halt in Hamburg sowieso so ungewöhnlich, daß...

A: Ja, man merkt's schon, wenn man rüberfliegt, mit 'ner deutschen Maschine fliegt, da nennen sich die Stewards und Stewardessen untereinander "Herr" und "Frau". Unglaublich für Amerikaner!

Herr K.: Ja, man kann das hier bei der Jugend auch ganz stark bemerken. Leute, die sich überhaupt nicht kennen, also Jugendliche, so bis zu 30 Jahren, <unvertändlich>... sofort mit "du".

A: Das war früher aber doch nicht so?

Herr K.: Nein!

Herr R.: Wenn Sie heute auf dem Tennisplatz, beim Kegeln oder so heute mit Erwachsenen zusammentreffen, um die vierzig, um die fünfundvierzig oder so, dann erleben Sie sehr häufig, daß die Leute Sie einfach duzen.

A: Ohne zu fragen?

Herr R.: Ja, ohne zu fragen. Einfach die Tatsache, daß man dazugehört oder die gleichen Jeans anhat oder so etwas, oder wenn Kinder dabei sind, so daß man sagt, also "ihr, ihr, habt ihr das auch?" Nicht, das "ihr" im plural, das wird auch hier mittlerweile ... aber nicht im Geschäft...

A: ...im Geschäftsleben noch nicht, da bleibt man beim"Sie".

Herr K.: Da ist man formell.

Herr R.: Ja, und Hamburg ist dann ja sowieso noch eine Stufe drauf. <Allgemeines Gelächter> A: Ja, tatsächlich?

Herr R.: Ja, wir Hamburger, wir kokettieren ja mit unserer konservativen Einstellung.

A: Tatsächlich? Und meinen Sie auch, daß es stimmt, daß die Stellung oder die Rangordnung in Deutschland so viel inflexibler ist oder merkbarer ist als in den Staaten, daß also jeder genau weiß, welchen Platz er einnimmt, wieviel Prestige er damit beansprucht.

Herr R.: Also unsere Zukunft ist stärker geprägt durch unseren Ausbildungsweg. Das würde ich sagen. Unsere Erwartungen knüpfen sich mehr an das, was wir gelernt haben, und unser zunächst mal vorhandenes Image verknüpft sich auch mit der Ausbildung und verknüpft sich dann auch mit dem Rang. Insofern ist das bei Ihnen einerseits anders. Einerseits wird ... oder hab' ich in allen Interviews --also ich hab' vielleicht an die hundert Interviews gemacht-- in Ihrem Land, da war keiner da, der sich nicht berufen fühlte, sich nicht nur für diese konkrete Stelle, sondern auch für die Stelle des Vorgesetzten gleich mitzubewerben. <Gelächter!> Nicht, also nach der Devise: "Gebt mir nur Aufgaben -- ich mache euch das!" Das ist dieses Selbstvertrauen, das , glaube ich, aus Ihrer Schulbildung herkommt und aus der Größe der Nation usw. Es ist etwas ungetrübter. Wenn man also mal mit Leuten spricht, die überhaupt Karriere machen wollen. Ich weiß nicht, ob das, was ich jetzt hier als Ausschnitt sehe, das ist erstens schon meistens College-Ausbildung und es wird bestimmt Leute geben, die keine College-Ausbildung haben, die anders denken oder die auch mit College-Ausbildung ganz anders denken. Aber ...

A: Ja, es geht immer mehr darum, was man kann, als was man gelernt hat. Es ist ja auch typisch. Wenn man nach drüben kommt -- ich kam damals mit 'ner eins in englischer Kurzschrift und Tippen usw -- danach hat mich kein Mensch gefragt. Ich glaubte, ich würde sofort 'ne Stellung bekommen, aber nein, ich mußte mich hinsetzen und Diktat aufnehmen und in die Maschine tippen. Zeugnisse wollten ... <An dieser Stelle war die eine Seite des Tonbandes zuende. Es war ja damals nicht geplant gewesen, daß

dieses Tonband vervielfältigt und an Studenten weitergegeben werden sollte. Also, während ich das Tonband umdrehte, sagte Herr Runge, daß man alles das, was wir hier so sagten im Vergleich zu Amerikanern und Deutschen mit großer Vorsicht genießen müßte, weil es ja nur die halbe Wahrheit wäre>.

A: Ja, da sind immer viele Klischees, das ist ganz klar.

Herr R.: Alles, was Sie z.B. fragen, drängt mich dazu, im Grunde genommen interessante, knappe Formeln zu verwenden, die niemals die ganze Wahrheit beschreiben, sondern die immer nur so subjektive Erfahrungen sind, die man dann auch noch anekdotisch verdichtet. Aber daß Unterschiede da sind zwischen unterschiedlichen Völkern, das, meine ich, merkt man sehr deutlich. Ihr Land ist viel größer. Es ist reicher. Es hat eine andere Beziehung zur Welt als meinetwegen Hamburg mit der Nähe zum eisernen Vorhang. Und das sind so Erfahrungen, die hat mich eigentlich lernen lassen, daß man in Amerika die Welt anders sehen muß, als wir das so gewöhnt sind. Da ist die Entfernung von Boston nach Texas genau so weit, ja weiter, als die Entfernung von Hamburg nach Moskau.

A: Ja, aber zählt nicht..

Herr R.: Ja, insofern also für mich so... was ich da drüben als Verkäufer mache, ist eigentlich die Erfahrung der ungeheuren Größe. Das Land hat vier mal so viel Bevölkerung. Ja, das ist eigentlich gar nicht viel, das ist Deutschland und Frankreich und England und Italien zusammen. Mein Gott! Dat hep we ook!

A: Ja, in der EG!

Herr R.: Ja, und ist es trotzdem eine andere Qualität. Wenn man eben bedenkt,wie oft die Bundesrepublik darein paßt. Ich glaube, vierzig mal. <Mhm, so ungefähr!> Das merkt man den Umständen dort an... wie sie da bauen... weiträumig! Nicht, selbst wenn man arm ist, hat man seine tausend Quadratmeter als eigenes Land. Da ist man hier schon glücklich, und teilt das mit Nachbarn normalerweise, nicht? Das sind also so... und das macht den Menschen, um das auch mal positiv auszudrücken, gelassener, großzügiger und ihn auch nicht so abhängig im Auf and Ab der Karriere. Jeder, den ich gesprochen habe, hat in seinem Leben irgendwo auch schon mal eine Panne gehabt, wo es mal nicht funktioniert hat, und das würde uns Deutsche, glaube ich, eher umwerfen, wenn da mal so ein Knick in der Karriere kommt. Ganz witzig wieder ausgedrückt: Da war eigentlich keiner dabei, den ich getroffen habe, der nicht gerade auf dem Weg war, Millionär zu werden.

A: Ach so! <Gelächter!>

Herr R.: Nicht, auch wenn sie gerade mal eins ganz fürchterlich

...

A: ...aufs Dach gekriegt haben?

Herr R.: Wobei ich immer wieder sagen muß: man hat's mit Verkäufern zu tun. Die sind es gewöhnt, sich so ein bißchen groß zu tun.

A: Im Augenblick ist die wirtschaftliche Lage ziemlich ernst drüben. Ich meine, wahrscheinlich genau so ernst wie hier, und es gibt viele Leute, deren Unsicherheit viel größer ist als bei den Deutschen, weil das Sicherheitsnetz nicht dahinter steht. Man kann wirklich der Not ganz rapide ausgesetzt werden. Also was es bei uns schon allein an Gulaschküchen überall gibt, für die, die nämlich nichts haben, die eine Mahlzeit umsonst bekommen. Das gib'ts in jedem Staat jetzt. Oder auch Vereine, die ein paar Betten frei haben, wo sich Leute ohne Bett nachts hinlegen können. Es gibt aber auch unzählige Leute, die nachts auf der Straße schlafen. In Südkalifornien ist das kein großes Drama, weil es warm genug ist. Da nimmt man einfach so'n Sack. Man sieht Leute, die mit kleinen Wägelchen herumziehen und ihr ganzes Hab und Gut darauf haben. Die legen sich nachts an den Strand. In New York sieht das wieder ganz anders aus. Da stehen sie über den Dampflöchern, den <Heiß>luftschächten, damit sie nicht erfrieren, oder sitzen in einem Hauseingang. Ein Land der großen Gegensätze!

Herr R: Das ist eigentlich, wenn es eine Wahrheit gibt, daß bei Ihnen eigentlich alles möglich ist.

A: Ja!

## (13:20) INTERVIEW ZU KAPITEL VB
### Gespräch über einen Kleinbetrieb

A: Wir befinden uns heute morgen in Hamburg-Blankenese, und meine Gesprächspartnerin ist Frau Ingrid von Appen. -- Frau von Appen, was für einen Betrieb haben Sie und Ihr Mann?

Frau v. A: Wir haben eine Kraftfahrzeug-Reparaturwerkstatt mit einem Abschleppdienst. Der Abschleppdienst arbeitet im Auftrage der Polizei und ... <ist das für falsches Parken?> wird für Falschparker eingesetzt. Ja.

A: Und darüber hinaus schleppen Sie auch Unfallwagen?

Frau v. A: Ja, für Privataufträge oder auch durch die Polizei vermittelte Privataufträge oder auch Aufträge, die Werkstätten uns geben.

A: Sind Sie der einzige Betrieb, der von der Polizei benachrichtigt wird, oder wie wird das gehandhabt?

Frau v. A: Nein, also Hamburg ist in verschiedene Bezirke aufgeteilt, und darum muß man sich bewerben in einer Ausschreibung, und dann entscheiden ein paar Personen an der obersten Spitze dort, wer den Zuschlag bekommt. Das ist abhängig natürlich vor allen Dingen vom Preis, und man muß auch nachweisen gleichzeitig, daß man das erfüllen kann. Wieviele Abschleppwagen z.B. man hat.

A: Was meinen Sie mit Zuschlag?

Frau v. A: Den Auftrag, wenn man den Auftrag bekommt, das ist der Zuschlag.

A: Ach so, der Zuschlag ist das Geld...

Frau vo. A: Nein, das ist das, Sie kriegen das.

A: Ach so! Aha, ich verstehe. Das wird Ihnen zugeschlagen <Ja!>, wird Ihnen als Ihr Auftragsgebiet überwiesen. Und dann sind Sie die einzigen <In diesem Gebiet, ja!> in diesem Gebiet. Aber es gibt in dem Gebiet daneben vielleicht noch einen andern Hamburger Abschleppdienst, der im Notfall einspringen kann?

Frau v. A: Nein, das ist wieder dessen Gebiet!

A: Ja, aber was passiert, sagen wir mal, es müssen so viele Wagen abgeschleppt werden, daß Ihre Firma es allein nicht schaffen kann.

Frau v. A: Ja, dann gibt es eine Klausel, daß sie dann auch den Nachbarn, bzw eben den andern Abschleppdienst mit anfordern können.

A: Aber nur in d e m Fall.

Frau v. A: Aber nur, wenn wir das nicht erfüllen können.

A: Ja. Wieviele Angestellte haben Sie denn in Ihrer Firma?

Frau v. A: Insgesamt Werkstatt und Abschleppdienst zusammen sind wir zehn Personen.

A: Mhm. Sie haben eine,ja, Sie sagten das, glaube ich, schon, eine Reparaturwerkstatt auch, ja? <Ja!> Für Autos, ja?

Frau v. A: Die haben wir schon seit zwanzig Jahren, und den Abschleppdienst haben wir erst später übernommen, vor allen Dingen den Abschleppdienst für die Stadt mit den Falschparkern. Das wird immer zweijahreweise vergeben. Und dann wird wieder eine neue Ausschreibung gemacht.

A: Das ist eigentlich für den Betrieb ein ziemliches Risiko, nicht wahr? <Ja!> Denn wenn Sie jetzt entsprechend viele Schleppwagen anschaffen und in zwei Jahren den Auftrag verlieren, dann...

Frau v. A: ...muß man die Abschleppwagen verkaufen.

A: Ja, das geht ja wahrscheinlich nur mit einem Verlustgeschäft.

Frau v. A: Ja, das kann wohl sein. Ich kann mir darüber noch kein genaues Urteil erlauben. Das ist ja noch nicht passiert -- uns noch nicht. <Machen Sie sich Sorgen?> Aber unserm Vorgänger ist es passiert. Man muß ja auch etwas ökonomisch denken, wenn man sich die Abschleppwagen anschafft, und wir sind durch unsere Werkstatt in der Lage, auch einiges selbst zu machen. Wir haben also schon Abschleppwagen selbst zusammengebaut, indem wir uns nur das Chassee z.B. gekauft haben und das andere selbst gemacht haben, aber unser Kollege, der das vor uns gehabt hat, der hat sich die teuersten Abschleppwagen gekauft, hat jetzt den Auftrag nicht wiederbekommen, und der ist echt daran Pleite gegangen. Der hat also auch seine Abschleppwagen nicht wieder günstig verkaufen können, und der hatte natürlich seiner Bank, von der er die Mittel bekommen hatte, eine Sicherheit gegeben in Form eines Hauses oder eine Hypothek aufs Haus, und soviel ich weiß, hat er das Haus verkaufen müssen.

A: Ja. Sie sind ja ein selbständiger Betrieb oder Unternehmen, ja? <Ja!> Das bedeutet, Sie haben volle Haftpflicht <Ja!> für alle Schulden, die Sie...

Frau v. A: Ja, das ist richtig!

A: Ja, haften Sie auch mit Ihrem Privatvermögen? <Ja!> Mit allem Drum und Dran <Mit allem, ja!>. Machen Sie sich Sorgen, daß Ihnen etwas Ähnliches passieren könnte, oder....?

Frau v. A: Nein, also in d e r Form kann es uns nicht passieren, weil wir uns nicht auf derartig hohe Schulden gesetzt haben. Wir überblicken das und könnten das also ausgleichen, wenn wir wirklich das nicht wiederbekommen, indem wir unsere Abschleppwagen verkaufen und Personal entlassen müssen, aber das tut man natürlich nicht gern bei der heutigen Arbeitslosigkeit.

A: Nein! Ja, danach wollte ich Sie noch fragen. Was für eine Art Vorbildung brauchen Ihre Angestellten? Ich meine die, die die falsch geparkten oder verunglückten Autos abschleppen? Ist das eine Spezialausbildung?

Frau v. A: Na ja, eine spezielle vielleicht schon in gewissem Sinne, aber das ist keine langwierige Ausbildung. Sie müssen einfach LKWs fahren können und werden dann von uns angelernt, indem sie üben, wie man diese Falschparker aus der Lücke holt. <Aha!> Sie werden von einem Kollegen, der das schon etwas länger macht, angelernt. Einige haben sogar vorher auf dem Platz bei uns geübt, Wagen hochzunehmen und zur Seite zu stellen, aber dafür ist im Augenblick gar keine Zeit mehr. Wir machen das jetzt so, daß die Fahrer vorher bei einem anderen mitfahren und dann das dort an Ort und Stelle lernen.

A: Ja, haben Sie Schwierigkeiten damit gehabt, Angestellte zu finden, oder...?

Frau v. A: Wir haben das... ja, normalerweise machen wir das durch Zeitungsannoncen, und das sind dann Leute, die aus einem ... meistens aus einem Arbeitsverhältnis heraus kommen, aber auch Arbeitslose.

A: Ja, da wenden Sie sich ans Arbeitsamt.

Frau v. A: Wenn man sich ans Arbeitsamt wendet, hat man meistens nicht sehr viel Glück. Wir haben das schon verschiedentlich versucht und wollten das auch gar nicht mehr machen, aber...

A: Warum nicht?

Frau v. A: Weil man also entweder gar keine vernünftigen Leute bekommt, oder aber die, die kommen, taugen nichts. Die Leute, die was taugen, sind meistens nicht arbeitslos.

A: Hm! Also, Sie meinen, ein großer Teil der Arbeitslosen will arbeitslos sein, oder...

Frau v. A: Ja, die sind entweder unwillig oder unbrauchbar.

A: Haben Sie dafür irgendwelche Beispiele?

Frau v. A: Ja, wir haben ja jetzt zuletzt, als wir von einem Tag zum andern Fahrer brauchten, weil zwei auf einmal ausgefallen waren, uns ans Arbeitsamt gewendet, und mein Mann hat drei Adressen bekommen und hat sich mit diesen Leuten telefonisch in Verbindung gesetzt, aber der eine hat gesagt, das klingt ja ganz interessant, was er da hört, und er würde sich das mal durch den Kopf gehen lassen und würde sich dann eventuell wieder melden. Er hat sich nicht wieder gemeldet!

A: Das ist ja allerhand für jemanden, der keinen Job hat.

Frau v. A: Ja, und bei der zweiten Adresse war's sehr ähnlich. Der Mann war gerade, laut Aussage seiner Frau, vor der Haustür mit den Kindern, und sie wollte ihm das sagen, hat sich unsere Telefonnummer notiert, und er würde zurückrufen, aber das hat er nicht getan.

A: Hm! Das ist ja... das ist wirklich erstaunlich. Man hört immer, daß die Deutschen durch hohe Arbeitslosigkeit geängsteter werden als andere Völker. Das hat natürlich etwas mit ihrer Geschichte zu tun...

Frau v. A: Ja, es gibt bestimmt Leute, die kann man also als die Betroffenen benennen, das sind mehr oder weniger Leute, die über fünfzig vielleicht sind, und die aus einem festen Arbeitsverhältnis durch Schließung einer Firma oder Fabrik herausgekommen sind. Für die Leute ist es wirklich schwer, was wieder zu bekommen. Aber die jüngeren Leute, die wollen oftmals gar nicht arbeiten.

A: Ja! -- Nun, geht dieser Abschleppdienst auch nachts?

Frau v. A: Ja, wir arbeiten an sich rund um die Uhr, unsere Fahrer müssen natürlich abgelöst werden, aber es kommt auch vor, daß einer, der vielleicht sechs Stunden erst geschlafen hat, plötzlich mit zu Hilfe kommen muß, weil die andern das nicht mehr alleine schaffen, und insofern ...

A: Er wird dann mitten in der Nacht aufgeweckt?

Frau v. A: Ja! Es ist ohnehin so, daß die Arbeitszeit ... also ist nachmittags vorbei. Dann gehen sie nach Hause und nehmen den Abschleppwagen mit vor die Haustür und müssen dann für den Notfall auch noch mal einspringen können in der Nacht.

A: Das ist ja 'ne harte Arbeit! <Ja!> Dürfen sie dann an

gewissen Abenden sich etwas anderes vornehmen, oder müssen sie immer zur Verfügung stehen?

Frau v. A: Ja natürlich! Wir haben mehr Fahrer als Wagen normalerweise, und dann wird der Wagen an einen andern Fahrer abgeliefert, und dann hat man also auch wirklich frei an dem Tag oder an dem Wochenende.

A: Wie ist es denn mit denen, die Aufträge nachts entgegennehmen und weiterleiten müssen?

Frau v. A: Ja, das sind leider wir selbst, weil wir dafür noch keine geeignete Person finden konnten. Dazu braucht man einfach jemanden, der die Sache kennt und auch das nötige Fingerspitzengefühl hat.

A: Sie meinen, der muß schon einige Erfahrungen im Betrieb gesammelt haben.

Frau v. A: Ja, am idealsten wäre es, wenn man einen alten Vater hat, der früher in der Firma war und vielleicht nicht mehr arbeitet. Daß der mal Ablösungsdienste macht. Aber so etwas haben wir leider nicht.

A: Haben Sie auch einen Meister in Ihrer Werkstatt?

Frau v. A: Ja!

A: Sie müssen einen haben wahrscheinlich.

Frau v. A: Muß man. Also eine Werkstatt darf man nicht ohne Meister betreiben.

A: Also es gibt überhaupt keine deutsche Werkstatt ohne einen Meister?

Frau v. A: Nein!

A: Und Ihr Meister hat einen Meister in der Automechanik?

Frau v. A: Ja, oder Karosseriebau. Vielleicht beides.

A: Hm! Das ist für Amerikaner eigentlich ein unbekannter Begriff, oder sagen wir mal, es gibt da nichs Entsprechendes für einen Meister.

Frau v. A: Ja, es ist ja ganz einfach so, daß man einen Menschen ohne Meisterprüfung nicht z.B. an den Bremsen arbeiten lassen dürfte. Die Konsequenzen wären ja zu furchtwar, wenn irgendetwas nicht verantwortlich gemacht worden wäre und an der nächsten Straßenbecke der Kunde mit seinem Auto vielleicht nicht nur liegenbleibt, sondern also einfach einen ganz schlimmen

Unfall verursacht.

A: Ich finde das sehr beruhigend. Ich würde, glaube ich, es sehr vorziehen, mein Auto in Zukunft in einer deutschen Werkstatt reparieren zu lassen.

Frau v. A: Das ist keine Auflage in Amerika, daß man einen Meister...

A: Diese Art Ausbildung gibt es nicht <Das ist ja Leichtsinn!>, Sie müssen sicher auch ein Qualifikationszeugnis machen, aber ich weiß, daß viele einfach mit angelernt werden und auch an den Bremsen arbeiten dürfen.

Frau v. A: Nein, es muß mindestens hinterher vom Meister kontrolliert werden, ehe das Auto rausgegeben wird, und unser Meister macht auch eigentlich eine Probefahrt noch mit dem Wagen vorher.

A: Das finde ich sehr beruhigend. Werden bei Ihnen auch Lehrlinge angelernt?

Frau v. A: Wir könnten es. Also die Erlaubnis dazu hätten wir, aber wir machen es nicht, weil auch eine ziemliche Verantwortung daran hängt. Die Lehrlinge müßten an modernen Maschinen angelernt werden, was nicht bedeuten soll, daß wir keine modernen Maschinen haben, aber wir sind natürlich nicht so ausgerüstet wie eine VW- oder Opel-Werkstatt. Wir machen alle Klassen von Wagen und sind im Grunde genommen ja aucn ein kleiner Betrieb. Die zehn Personen beziehen sich ja nicht auf unsere Werkstatt.

A: Das sind Abschleppfahrer, Sekretärinnen usw.

Frau v. A: Ja, ja. Wir haben also in unserer Werkstatt nur drei Leute, und da wird eben von jedem alles verlangt. Diese Leute können meistens mehr als die einseitig Ausgebildeten bei VW und Ford. Aber sie sind eben auch nicht an diesen modernen Geräten geschult. An sich müßte mein Mann das erklären, der kann das besser. Ich bin da nicht so kompetent, aber es ist ganz einfach so, daß unsere Leute sich auch so helfen können müssen, auch ohne ein modernes Gerät. Und Dinge, die wir nicht machen, geben wir auch mal ... z.B. Lackieren... an einen Lackierer, bevor das Auto dann wieder zusammengebaut wird.

A: Das ist wahrscheinlich auch rationeller im Kostenaufwand.

Frau v. A: Ja, zum Lackieren braucht man 'ne besondere Kabine, die von der Luft abgeschlossen ist usw.

A: Und sicher teuer ist <Ja!>. Ja, Frau von Appen, ich bedanke mich sehr bei Ihnen für die Zeit, die Sie mir gewidmet haben.

Ich weiß, Sie haben nicht sehr viel, und verabschiede mich dann. Auf Wiedersehen!

Frau v. A: Auf Wiedersehen!

End of Tape 4, Side 1

Tape 4, Side 2-(11:45)

(11:45) INTERVIEW ZU KAPITEL VC
Gespräch über Partnerschaft von Arbeitgebern und Arbeitnehmern

A: Wir befinden uns heute in Hamburg-Lurup in der Norddeutschen Schleifmittel Industrie, und mein Gesprächspartner ist Herr Röhrs. Herr Röhrs ist Abteilungsleiter der ...

Herr Röhrs: Personalleiter!

A: Herr Röhrs, darf ich Ihnen ein paar Fragen stellen...

Herr R: Selbstverständlich dürfen Sie das!

A: Ja, danke schön! Denn seit 1983, als ich mit Ihrem Vorgänger, Herrn Kugler, sprach, hat sich vielleicht auch hier einiges wieder geändert. Im Deutschen gibt es das schöne Wort "Sozialpartner", und dieses Wort schließt Arbeitnehmer wie Arbeitgeber ein, ja? <Ja!> Also die Arbeitgeber wie auch die durch die Gewerkschaft vertretenen Arbeitnehmer. Wie wirkt sich diese Partnerschaft in Ihrer Industrie, in Ihrer Firma aus?

Herr R: Wir sind Gott sei Dank in der glücklichen Lage, daß wir eine gute Partnerschaft betreiben können im Gegensatz zu, wie Sie wahrscheinlich schon gehört haben <IG-Metall?> zur Metall-Industrie. Da ist es nicht ganz so einfach. Das liegt aber daran, daß beide Seiten auch konstruktiv an dieser Partnerschaft einigen und nicht Konfrontation im jeden Preis machen.

A: Ja, das ist sehr viel wert! Tut Ihre Firma noch viel für die Fußballer, oder... nein, das war nicht Fußball, das war eine andere Mannschaft, die Sie hatten, ja?

Herr R: Wir haben eine große Betriebssportabteilung, und da ist nicht nur Fußball -- nebenbei gesagt sind wir im Fußball sehr erfolgreich. Unsere Hermes-Fußballmannschaft ist im Betriebssport in die höchste Gruppe aufgestiegen im vergangenen Jahr <Das ist ja toll!> Wir haben nebenbei auch Kegeln, wir haben eine Gymnastikgruppe und auch ab und zu im Sommer wird Tennis gespielt.

A: Das ist ja toll! Wird das alles von der Firma finanziert?

Herr R: Jeder ... jedes Mitglied zahlt einen sogenannten Beitrag hier, und selbstverständlich sind auch hier und da Leistungen des Unternehmens.

A: Ja, ich nehme an, daß das den "Hermesgeist" sehr günstig beeinflußt und eine größere Bereitschaft zur Partnerschaft...

Herr R: Natürlich, es ist ein Teil auch der Motivation.

A: Ja. -- Sind Sie noch so hochprozentig organisiert wie vor Jahren. D. h. sind noch so viele Ihrer Angestellten Mitglieder der Gewerkschaft?

Herr R: Man muß unterscheiden zwischen Angestellten und Gewerblichen noch. Also im gewerblichen Bereich sind wir sehr hoch organisiert, im Angestelltenbereich naturgemäß nicht so hoch.

A: Sie meinen, im gewerblichen Bereich also die mit der Hand arbeitenden Arbeitnehmer.

Herr R: Ja. Das sind die Arbeiter, die also hier -- kann man sagen -- auch zu 90% organisiert sind.

A: Und die Angesteellten aber nicht!

Herr R: Nein, nicht so hoch. Das liegt zwischen 40 und 50%.

A: Ja. Sind die Beiträge zu den Gewerkschaften hoch? Ich meine, ist das eine überlegung, die...

Herr R: Nein, das ist mit Sicherheit keine überlegung. Das richtet sich nach dem Einkommmen und <die> sind verhältnismäßig niedrig.

A: Aha! Also davon machen es die Leute nicht abhängig, ob sie dazu gehören wollen oder nicht.

Herr R: Nein, der besonders hohe Grad der Organisiertheit hier im Unternehmen liegt auch an der Attraktivität unserer Betriebsrat-Vorsitzenden. Wir hatten bis zum vergangenen Mai z.B. als Betriebsrat-Vorsitzenden ein Ehrenmitglied des Hauptvorstandes der IG-Chemie.

A: Aha. Ihre Gewerkschaft ist IG-Chemie und Keramik, ja?

Herr R: IG-Chemie, Papier und Keramik. <Papier und Keramik, ja!> Also und aus diesem Grunde ist der Grad der Organisation sehr hoch.

A: Aha! Wie ist das eigentlich mit der Arbeitszeit? Wie hat sich das entwickelt? Letztes Mal waren es... oder letztes Jahr waren es 38 1/2 Stunden.

Herr R: Nein. 40 Stundenwoche.

A: Sie haben noch die 40 Stundenwoche.

Herr R: Wir haben die 40 Stundenwoche n o c h , aber in dem

Zusammenhang -- es ist jetzt im Juli ein sogenannter Entgelt Tarif-Vertrag abgeschlossen worden, der also zumindest auch äußerlich nicht mehr unterscheidet nach Lohn für die gewerblichen Mitarbeiter und Gehalt für die Angestellten, sondern es heißt, <ab> dieser Entgelt Tarif-Vertrag wird wirksam ab 1.8.88, und dann gibt es für alle ein Entgelt.

A: Entgelt. Also das Wort Gehalt und Lohn wird bei Ihnen wegfallen.

Herr R: Das wird dann wegfallen. Es gibt 13 Entgelt-Gruppen, und in diese 13 Gruppen werden sowohl Angestellte als auch Gewerbliche eingruppiert. Und im Zusammenhang mit diesem Entgelt Tarif-Vertrag ist ein sogenanntes Paket geschnürt worden, d.h. ab 1989 haben wir hier für alle die 39 Stundenwoche, und für die 57jährigen dann haben wir die 35 Stundenwoche. Wir haben ja jetzt bereits für die 58jährigen die 36 Stundenwoche, d.h. wir haben im Unternehmen das so geregelt, daß die 58jährigen und älteren alle 14 Tage einen freien Tag haben, und das ist immer der Montag.

A: Und das ist bei vollem Gehalt oder vollem Entgelt?

Herr R: So ist es!

A: Aha! Jede Firma macht das anscheinend anders, oder jede... ist das geregelt durch die Gewerkschaft?

Herr R: Das ist geregelt im Manteltarifvertrag. Das ist die sogenannte Altersfreizeit. Nur die Ausgestaltung, wie es das Unternehmen macht, das ist der Betriebsvereinbarung überlassen, und das ist in unserm Hause so geregelt worden, daß nicht die 58jährigen und älteren jede Woche 4 Stunden frei haben, sondern wir sagen, alle 14 Tage einen ganzen Tag. <Das ist ja auch viel schöner für die>. Und Das wird ab 1989 eben dann für die 57jährigen gelten, und dann sind es entsprechend der dann anteiligen Arbeitszeit von 39 Stunden 35 Stunden.

A: Aha! Also die Jüngeren haben noch keinen Anspruch auf weniger als 40 Arbeitsstunden.

Herr R: Dann auf 39 Stunden. Das gilt dann für alle.

A: Aha. Merkwürdig, daß man in den Zeitungen immer von den 37 liest, die auch schon auf 35 Stunden zusteuern.

Herr R: Das ist in erster Linie ... werden Sie das aus dem Metall-Bereich hören. Es gab 'ne ganze Zeit lang unterschiedliche Auffassungen auch, und die gibt es wohl auch noch, und zwar das Problem ist ja die Beseitigung der hohen Arbeitslosenzahl. Die einen versprechen sich mehr davon, die Lebensarbeitszeit zu verkürzen. Die anderen versprechen sich mehr davon, die Wochenarbeitszeit zu verkürzen.

A: Kommt denn das wirklich dabei raus? Ich meine, die wollen ja doch alle volles Gehalt haben, ja? Trotz weniger Stunden wollen sie volles Gehalt haben. Und dann soll der Arbeitgeber mehr Leute einstellen. Dann geht es ja völlig zu Kosten des Arbeitgebers, und letztendlich auf Kosten der deutschen Wirtschaft oder ihrer Konkurrenzfähigkeit.

Herr R: So muß man es sehen, obwohl natürlich bei den gleichzeitig stattfindenden Tariferhöhungen dieses z.T. mit berücksichtigt wird. In der Chemie haben wir z.B. 1985 auf die Lebensarbeitszeit gesetzt. Wir haben einen Vorruhestands-Tarifvertrag abgeschlossen, und nach diesem Vorruhestandsvertrag haben 58jährige Schwerbeschädigte, 59jährige, die in kontinuierlicher Schichtarbeit beschäftigt sind und 60jährige andere Arbeitnehmer das Recht, in den Vorruhestand zu gehen...

A: Dann wird die Pension aber niedriger, oder nicht?

Herr R: Die Pension wird selbstverständlich etwas niedriger, obwohl dieses Vorruhestandsgeld, das ist noch keine Pension, wird vom Arbeitgeber bezahlt <Aha!>... vom Arbeitgeber bezahlt, aber auf das Vorruhestandsgeld, das nach dem Tarifvertrag 75% des letzten Entgelts beträgt, werden Sozialversicherungsbeiträge gezahlt.

A: Also, was Sie sagen, ist, daß der Arbeitgeber die Hauptkosten für das Vorruhestandsgeld trägt?

Herr R: So ist es!

A: ... und dann jemanden Neues einstellen muß.

Herr R: So ist es! <Das ist ja erstaunlich!> Der Arbeitgeber hat durch das Vorruhestandsgesetz, das der Bund erlassen hat, die Möglichkeit, wenn er einen solchen durch Vorruhestand freigewordenen Arbeitsplatz wieder ersetzt, die Möglichkeit, vom Arbeitsamt 34 bzw 35% der Vorruhestandsbelastung bis zu einer gewissen Grenze vom Arbeitsamt wieder zu bekommen.

A: Ja, aber dann bleibt Ihnen immer noch 36 oder 41% des Gehalts...

Herr R: Sogar mehr! <Sogar mehr?> Von dem Vorruhestandsgeld bleiben ihm dann noch 66%, bzw 65%, die er noch selbst bezahlen muß. Das ist eine ganz enorme Belastung.

A: Das ist ja eine e n o r m e Belastung! Ich würde glauben, daß eine Firma, die viele Angestellte und Arbeitnehmer in dieser Altersgruppe hat, daran Bankrott gehen kann.

Herr R: Ja, es ist so, es gibt eine 5% Überforderungsklausel sowohl im Gesetz als auch im Tarifvertrag. D.h. mehr als 5% der Belegschaft dürfen nicht gleichzeitig im Vorruhestand sein. Und trotzdem, obwohl es diese Überforderungsklausel gibt, wenn diese 5% ausgenutzt werden, das ist eine ganz enorme Belastung für das Unternehmen.

A: Ja, das kann ich mir denken. Ich finde es absolut erstaunlich, daß Deutschland, die BRD trotz allem so leistungsfähig ist, denn nach Japan hat sie ja schließlich die höchste positive Handelsbilanz. Wie ist das möglich bei diesen Zahlungen?

Herr R: Ja, das ist möglich durch Rationalisierungseffekte, die man, wo sie sich immer bieten, auch wahrnimmt, und das wird und muß auch von den Unternehmen konsequent wahrgenommen werden.

A: Ja, Herr Röhrs, ich danke Ihnen sehr, daß Sie auf diese Fragen eingegangen sind <Bitteschön!> und verabschiede mich damit für heute.

Herr R: Ja, dankeschön!

A: Wiedersehen!

Herr R: Wiedersehen!

End of Tape 4, Side 2

Tape 5, Side 1-(15:35)

## (15:35) INTERVIEW ZU KAPITEL VD
### Gespräch über soziale Sicherheit

A: Ja, ich unterhalte mich noch einmal mit dem Personalleiter der Firma Norddeutsche Schleifmittel Industrie in Lurup bei Hamburg, denn niemand als Herr Röhrs weiß besser Bescheid in dieser Firma über soziale Sicherheit in der BRD, bzw. über die sozialen Leistungen, die für die Arbeitnehmer geleistet werden. -- Herr Röhrs, vor vier Jahren -- das war im Sommer '83, als ich mit Ihrem Vorgänger, Herrn Kugler, sprach -- bestand ganz große Hoffnung, daß mit der Kohl-Regierung, die damals neu war, sich etwas verbessern sollte in dieser Hinsicht, d.h. daß der Arbeitgeber entlastet werden sollte, was den hohen hohen Beitrag an Sozialleistungen anbetrifft. Herr Kugler sagte damals etwas wie "für jede Mark, die Sie an Lohn ausgaben, mußten 65 Pfennig dazu gerechnet werden für Lohnnebenkosten. Hat sich diese Hoffnung bisher erfüllt?

Herr Röhrs: Nein, erfüllt hat sie sich noch nicht, und ich bin auch der Meinung, sie konnte sich bisher nicht erfüllen, denn das sind sehr sehr große Probleme. Nur zur Information, die sogenannten Personal-Zusatzkosten, die Sie meinen, die waren 1983 78,3% <Oh, tatsächlich?>. und die haben sich jetzt bis auf 1986 auf 83% entwickelt. Und -- nur zur Information -- sie sind teilweise wesentlich höher auch in unserm Betrieb, weit über 90%, und es haben gewisse Schritte in dieser Richtung stattgefunden -- ich kann also nur sagen z.B., daß durch die Änderung des Schwerbehinderten-Gesetzes -- früher haben Schwerbehinderte einen Sonderurlaub von sechs Tagen... der bezog sich damals auf eine sechs -Tage-Woche, als hier sonnabends noch gearbeitet wurde, und das ist geändert worden. Man hat jetzt bei einer Fünf-Tage-Woche nur noch fünf Tage Sonderurlaub, Zusatzurlaub. Dann sind Kürzungen im Sozialbereich haben stattgefunden beim Arbeitslosengeld in der Höhe...

A: Es wird weniger gezahlt?

Herr R: Es wird weniger Arbeitslosengeld gezahlt. Man hat jetzt allerdings wieder ein Gesetz gändert: jetzt wird es länger gezahlt, weil sich Umstrukturierungen ergeben haben, und es sind auch Beiträge der Rentner zur Krankenversicherung eingeführt worden, und dennoch,diese Maßnahmen können und konnten noch nicht zu einer Reduzierung führen. Sie haben den Anstieg allerhöchstens gebremst <Langsamer gemacht, ja?>. Langsamer gemacht! Es ist im Gespräch eine Strukturreform, sowohl bei der Renten- als auch bei der Krankenversicherung. Auch bei der Krankenversicherung hat es Bemühungen gegeben, durch eine sogenannte Selbstbeteiligung -- also das sind nicht unbedingt erforderliche Arzneimittel, die jetzt der Patient selbst bezahlen muß, aber es sind eben ganz erhebliche Probleme, die so schnell nicht in den Griff zu bekommen sind.

A: Ja, ich hab' was gelesen von ... das waren auch nur Vorschläge bisher, so wie ich es verstanden habe... aber daß eine Grundsicherung oder Grundversicherung verlangt werden könnte und daß darüber hinaus der Arbeitnehmer oder Patient andere Versicherungen eingehen könnte, an denen sich dann der Arbeitgeber nicht mehr beteiligt.

Herr R: Das ist ein Modell, das ist das Modell der Grundrente, das wird mit Sicherheit wohl nicht kommen.

A: Zuviel Protest?

Herr R: Das ist ein Problem... es ist ja ausgegangen von dem Problem der demographischen, der ungünstigen demographischen Entwicklung. Wir haben, wie Sie wissen, zu wenige Kinder, und dieser sogenannte Tannenbaum kehrt sich um. Wenn es bisher so war, daß drei Arbeitende einen Rentner ernährten, dann wird das im Jahre 2030 praktisch ... ja nicht ganz, aber praktisch umgekehrt sein.

A: Daß drei... daß ein Arbeitender drei Rentner unterhalten muß?

Herr R: Nicht ganz so ungünstig, aber in der Richtung doch.

A: Das wäre ja nicht auszudenken!

Herr R: So ist es, und trotzdem, man hat jetzt Modelle entwickelt, man ist also in der eindeutigen Aussage, daß von der jetzigen Bundesregierung, zumindest von der CDU, daß man das Thema Grundrente nicht mehr beleuchten will, sondern man will...

A: <Das> verjagt die Wähler, nicht?

Herr R: So könnte man das ausdrücken, aber man hat Modelle entwickelt, auch von Experten untersuchen lassen, daß bei Veränderung aller drei Komponenten ... einmal wird es wohl nicht mehr eine so große Steigerung der Renten geben, zum andern wird es eine Erhöhung der Rentenbeiträge geben, und zum dritten wird der Bundeszuschuß wohl erhöht werden müssen. Daß dann die Rente wohl noch gesichert sein soll.

A: Na ja, das muß dann der Steuerzahler wieder auffangen, also.

Herr R: Der Steuerzahler... das müssen alle tragen.

A: Ja. Sie sprachen von dem Tannenbaummodell. 1987 ist zum Babyjahr erklärt worden, ja? Das heißt ein Jahr, in dem man besondere Anstrengungen macht, um den jungen Frauen das Muttertum wieder schmackhafter zu machen, wenn man das so sagen darf <Ja!>, und hat sich das auch schon ausgewirkt auf Mutterschutzgesetze?

Herr R: Also, ich habe den Eindruck... ja, natürlich! Es hat also ein neues Gesetz gegeben, und zwar das Bundeserziehungsgesetz. Das ist ein Gesetz, das gültig ist ab 1986. Das heißt "Gesetz über die Gewährung von Erziehungsgeld und Erziehungsurlaub" oder das "Erziehungsgeldgesetz". Praktisch bedeutet das, daß eine Schwangere zunächst nach dem Mutterschutzgesetz 6 Wochen vor der Geburt und 8 Wochen nach der Geburt zu Hause bleiben kann.

A: Das war aber auch schon vor ein paar Jahren.

Herr R: Was jetzt neu ist: sie kann in diesem Jahr bis Ende 1987 von der Geburt bis zum zehnten Lebensmonat des Kindes zu Hause bleiben. Das ist der Erziehungsurlaub. Der Arbeitsplatz ist garantiert, und sie bekommt pro Monat 600 Mark vom Staat. Das ist...

A: Der Arbeitgeber zahlt da nicht mehr?

Herr R: Der Arbeitgeber zahlt da nicht mehr. Es ist auch so, daß das nicht nur die Frau beanspruchen kann, sondern auch der Mann. Wenn jetzt der Mann das Kind erzieht...

A: ...der Hausmann zu Hause bleibt...

Herr R: ... der Hausmann zu Hause bleibt, bekommt er auch diesen Erziehungsurlaub, je nachdem, wer das Sorgerecht hat.

A: Ja, das finde ich nun ganz in Ordnung!

Herr R: Im Zuge der Gleichberechtigung.

A: Ja, das finde ich ganz in Ordnung. Ich würde mir allerdings als Frau doch große Sorgen machen, daß ich eigentlich nicht mehr konkurrenzfähig wäre im Bewerb. Ich meine, es muß den Arbeitgeber doch ein wenig beängstigen, eine junge Frau einzustellen. Er wird sich doch immer fragen, wann wird die einen Urlaub beanspruchen zum Kinderkriegen, und dann sitze ich hier und darf den Job niemand anders geben, ja? Denn das ist doch wohl Ihre Situation? Oder dürfen Sie dann vorübergehende Hilfe einstellen, oder wie machen Sie das? Wie ersetzen Sie so eine...

Herr R: Ja, das ist natürlich eine etwas schwierige Situation, aber wir haben vorhin über die Renten gesprochen, und das ist ja ein Thema, das uns alle angeht. Also Kinder müssen geboren werden, und die können nun mal nur die Frauen bekommen, und ich könnte mir vorstellen, daß bei der einen oder anderen Position das eine Rolle spielt, aber ansonsten spielt das im Prinzip keine Rolle.

A: Also Sie überlegen sich nicht, wir nehmen lieber keine Frau, n...

Herr R: Nein, in der Grundtendenz überhaupt nicht.

A: Das ist beruhigend. Denn ich könnte das keinem Mann verdenken, wenn ihm da bange wird, weil ihm alle Angestellten Wochen und Monate lang zu Hause bleiben, weil sie Kinder aufziehen müssen. Für eine Frau ist das natürlich eine ganz große Hilfe. Der Zwiespalt, in den eine junge Mutter gerät, die zur Arbeit gehen muß und gleichberechtigt und damit gleich verpflichtet ist...

Herr R: Den Erziehungsurlaub kann, wie gesagt, auch der Mann in Anspruch nehmen <Ja, ja das finde ich sehr gut!>, und das wird sogar ab 1988 heißt das nicht mehr bis zum zehnten sondern bis zum zwölften <zum zwölften Monat?> Lebensmonat des Kindes.

A: Hm. Erstaunlich! -- Aber was ist dieses allerneueste Gesetz, daß Frauen Zeit vergütet oder Pensionsgeld vergütet wird für jedes Kind, das sie aufgezogen hat, und man spricht ja in letzter Zeit sogar von den Trümmerfrauen <Trümmerfrauen!>, d.h. von... ersten oder zweiten Weltkrieg? Ersten Weltkrieg, ja?

Herr R: Nein, das ist der zweite Weltkrieg. Das ist ein Gesetz, das ursprünglich den Frauen ab Jahrgang 1921 pro Jahr der Erziehung eines Kindes einen gewissen Rentenanspruch sicherte, der etwa 27 Mark beträgt.

A: Im Monat?

Herr R: Im Monat. Pro Kind. Und jetzt ist das erweitert worden, da hat man eben gesagt, wieso 21, das heißt dann die Trümmerfrauen, gerade die, die es besonders schwer gehabt haben, die kriegen überhaupt gar nichts, und das hat man jetzt ausgeweitet, so daß man jetzt auch den älteren Frauen... man kann aus finanziellen Gründen nicht auf einmal. In diesem Jahre ist jetzt ab Oktober erstmalig der Jahrgang 1906 und älter... erhält es dann.

A: Ja, 1909 las ich noch vor kurzem. Also jetzt schon 1906.

Herr R: Und älter!

A: Und älter. Ja, aber sagen Sie, wie wird denn das gemacht. Wieviele Jahre berechnet man, daß man ein Kind aufzieht, zehn, zwölf, zwanzig?

Herr R: Das ist natürlich sehr unterschiedlich. Man berechnet, pro Kind bekommt man einen Betrag von 27 Mark an Rente.

A: Pro Monat? Ach so! Jetzt verstehe ich! Also, ...

Herr R: Wenn Sie vier Kinder gehabt haben <dann kriegen Sie viermal 27 pro Monat>, dann kriegen Sie viermal 27 Mark pro Monat, bis sie sterben.

A: Ab welchem Lebensjahr?

Herr R: Rentenbezieher jetzt der Jahre 1906 und älter, die bekommen ja schon Rente. Die kriegen das jetzt ab 1. Oktober zusätzlich zu ihrer bereits laufenden Rente.

A: Wird da auch eine Rückzahlung gemacht? Also sagen wir mal, sie sind jetzt 75 und haben ihre Rente mit 65 angetreten...

Herr R: Nein, das wird nicht gemacht.

A: Aha! Das muß ja den Staat wieder eine ungeheure Summe kosten!

Herr R: Das kostet enormes Geld und <Wo kommt das her?> das bezahlt der Staat. Das bezahlt der Staat <Das heißt der Steuerzahler!> Sicher! Und trotzdem ist man also seitens der Opposition damit nicht zufrieden, obwohl das erstmalig eingeführt worden ist.

A: Warum nicht zufrieden? Ist das noch nicht gut genug? Es müßte mehr gezahlt werden?

Herr R: Nein, weil einige... weil z.B. die Frauen der Jahrgänge 1907 und jünger, die bekommen es erst nach einem sogenannten Stufenplan. Das geht dann erst also in einigen Jahren los.

A: Ach so! Und die sind natürlich die ältesten und werden am wenigsten bekommen. <Wrong conclusion!>

Herr R: So ist es!

A: Ja, aber so ist natürlich immer mit Gesetzen...

Herr R: Es muß finanzierbar sein.

A: Ja, und man kann Gesetze ja auch nicht retroaktiv machen, denn... ich meine, so ist es halt, es ist ja oft sehr ungerecht oder scheint Beteiligten sehr ungerecht. Ich finde, das ist schon eine enorme Anstrengung des Staats, daß die so weit zurück gehen werden. -- Ja, ist man im allgemeinen besorgt in Deutschland, wie das in der Zukunft weitergehen soll, gerade im Angesicht der Tatsache, daß immer mehr Rentner von e i n e m Arbeitenden versorgt werden müssen.

Herr R: Also, ein gewisses Interesse wird dem Ganzen schon entgegengebracht, aber wenn Sie sagen "besorgt". Man denkt wahrscheinlich, der Staat wird es schon regeln. <Er wird es schon schaffen>. Aber es ist doch nicht zu übersehen, daß es doch ein sehr sehr gravierendes Problem ist. Genauso die Beiträge z.B., die immer steigenden Beiträge zur Krankenversicherung. Das ist auch ein großes Problem, und auch das will man jetzt ganz energisch angehen. Das hat natürlich auch wieder seine Gründe <Ja, sicher!> Ein gesteigertes Gesundheitsbewußtsein, eine Medizin, die mit immer komplizierteren Apparaten ausgerüstet ist, die ausgenützt werden müssen und dann eben entsprechendes Geld kosten. Und auch ein sehr wichtiger Faktor noch: die steigende Anzahl der Ärzte. Jeder Arzt will "s e i n e " Kunden in Anführungsstrichen haben, " s e i n e " Patienten ...

A: Und es gibt zu viele Ärzte in Deutschland?

Herr R: Es gibt zuviele Ärzte. Wir haben eine enorme überversorgung an Ärzten.

A: Hm! Nun, das Problem, daß es immer mehr ältere und weniger junge Arbeitende gibt, ist natürlich... das geht über Deutschland hinaus. In den USA wird das auch so sein oder ist das bereits so und, ich glaube, in allen westlichen Ländern, nur vielleicht nicht so ausgesprochen wie in einem kleineren Land wie Deutschland. -- Herr Röhrs, ich danke Ihnen noch einmal für Ihre Zeit und daß Sie uns Ihr Wissen hier freigebig zur Verfügung gestellt haben...

Herr R: Das habe ich gern getan!

A: ... und verabschiede mich dann von Ihnen. Auf Wiedersehen!

Herr R: Danke schön! Auf Wiedersehen!

End of Tape 5, Side 1

Tape 5, Side 2-(11:00)

## (11:00) 2. INTERVIEW ZU KAPITEL VD
### Gespräch mit einer Ärztin über die Krankenversicherung

A: Wir befinden uns heute morgen in Eschede im Landkreis Zelle in der Nähe von Hannover, und meine Gesprächspartnerin ist Frau Dr. Meyerhoff. -- Frau Doktor, darf ich Ihnen ein paar ganz einfache Fragen stellen?

Dr. M: Ja, bitte!

A: Sie sind Ärztin hier in Eschede.

Dr. M: Ja, bin ich!

A: Sie sind Landärztin? Fühlen Sie sich als Landärzte?

Dr. M: Ja, wir leben ja in einer ganz ländlichen Umgebung, und mit der Stadt Celle haben wir sehr wenig zu tun. Wir überweisen nur zu Spezialisten unsere Patienten dahin, aber unsere Tätigkeit, unsere praktische Tätigkeit wird hier ausgeübt in einem Bereich von 14km im Durchmesser. Von daher kommen die Patienten zu uns, oder wir besuchen sie.

Dr. M: Sie besuchen Sie! Das ist für Amerikaner etwas ganz Besonderes! Ich habe schon heute morgen gemerkt, daß Sie mehrfach die Praxis verlassen mußten. Das ist hier üblich, daß man zu den Patienten ins Haus fährt, wenn es denen nicht gut genug geht, um Sie hier in der Praxis zu besuchen, stimmt das?

Dr. M: Ja, die Patienten können sich an uns telefonisch wenden, wenn sie so krank sind, daß sie nicht imstande sind, die Praxis aufzusuchen.

A: Und man erwartet nicht, daß Nachbarn sie im Auto herfahren, oder daß sie im Peterwagen herkommen?

Dr. M: Das würde man begrüßen, daß Nachbarn sie zu uns schicken, aber in manchen Fällen ist das nicht möglich. Es ist grundsäzlich möglich, bei uns einen Besuch zu bestellen. Ein Einsatz mit dem Peterwagen ist sehr viel teuerer und unökonomisch für die Krankenkasse, der wir verpflichtet sind.

A: Ah ja, da wollte ich einige Fragen an Sie stellen: Sie sind Kassenärztin -- nennt man das so? <Ja!> oder Ärztin, die von der Krankenkasse zugelassen worden ist. Was bedeutet das? Müssen Sie dafür eine Extra-Prüfung machen, oder wie wird man zugelassen?

Dr. M: Man muß natürlich erst mal seine Approbation als Arzt haben, also seine vollständige ärztliche Ausbildung hinter sich bringen. Dann sind für einen Allgemeinarzt die Vorschriften, daß er vier Jahre an einem Krankenhaus arbeitet und dann noch ein halbes Jahr in einer Praxis eines niedergelassenen Arztes, der Kassenpatienten behandelt. Mit diesen Unterlagen geht man zu der Ärztekammer, der Standesvertretung von den Ärzten, und legt den Antrag vor, die Kassenzulassung erhalten zu können, und dann ist es eine kurze... ein kurzes Gespräch mit Vertretern der Ärztekammer und Vertretern der kassenärztlichen Vereinigung und Vertretern der Kasse, in dem dann geklärt wird, ob man die Zulassung bekommt, und dem steht eigentlich nie etwas im Wege.

A: Bedeutet das nun, daß Sie nur Kassenpatienten haben, oder können Sie auch Privatpatienten behandeln?

Dr. M: Privatpatienten können wir selbstverständlich behandeln. Das hat damit überhaupt nichts zu tun. Kassenarzt bedeutet, daß der Patient uns anstelle von Bargeld für unsere Leistung in jedem Vierteljahr einen sogenannten Krankenschein überreicht, und der ist das Dokument, daß er einer Krankenkasse zugehört, daß er Mitglied einer Krankenkasse ist, an die er seine Sozialversicherungsbeiträge abgeführt hat, und für uns bedeutet das... der Krankenschein...die...Bargeld, d.h. wenn wir den Krankenschein... kleben wir auf und tragen unsere Leistungen darauf ein und schicken das an die Krankenkasse des Patienten zurück und bekommen dafür dann unser Geld.

A: Ja, und diese vierteljährlichen Krankenscheine bedeuten ja wohl auch, daß der Patient dann in diesen drei Monaten an Sie als Ärztin gebunden ist, ja? Außer wenn er einen Facharzt braucht und Sie ihn dann dahin schicken. Aber der Patient kann nicht morgen kommen und sagen, ich will meinen Krankenschein wieder haben. Ich will zu Ihrem Konkurrenten gehen, oder geht das?

Dr. M: Nein, das geht gar nicht. Man kann...derjenige Arzt, der den Krankenschein, das Original für das Quartal hat, muß aber dann Überweisungsscheine zu den Spezialisten ausfüllen. Man kann aber nicht von einem allgemeinen Arzt zu einem allgemeinen Arzt wechseln.

A: Ja, das habe ich mir so gedacht. -- Müssen die Patienten noch etwas dazu bezahlen, oder ist ihre Behandlung vollkommen gedeckt durch diese Krankenscheine?

Dr. M: Unsere ärztliche Leistung, unsere Untersuchung, die Spritzen, die wir machen, überhaupt alles, was in der Praxis mit dem Patienten geschieht, trägt voll die Krankenkasse. Aber die Arznei verlangt die sogenannte Selbst-, die sogenannte Beteiligung, Kostenbeteiligung.

A: Ist das neu?

Dr. M: Nein, das besteht schon viele Jahre, und das läuft so ab, daß für jedes rezeptierte Medikament der Patient 2 Mark bezahlen muß. Ich weiß von Ihnen, daß es bei Ihnen höher liegt.

A: Ja, ja etwa 6 Dollar in meiner eigenen Kasse <Ja, hm!> Gut!

Dr. M: Noch weiter, z.B. wenn Brillen verordnet werden, muß der Patient 4 Mark pro so einem sogenannten Hilfsmittel, nennen wir das....

A: Vier Mark für eine Brille?

Dr. M: Ja, bezahlen <Das ist ja wenig!>, wenn es als Rezept ausgestellt wird.

A: Ja, also man kann Rezepte für Brillen ausstellen. Das ist interessant. Es soll sich ja etwas ändern in der Sozialversicherung in Deutschland, ja, weil sie nicht mehr tragbar geworden ist, jedenfalls habe ich das in den letzten Monaten wiederholt in Tageszeitungen gelesen, und da stand auch von größerer Selbstbeteiligung etwas und von einer Art Mindestversicherung, auf die dann ... oder sagen wir, eine Mindestversicherung ist da, und der Patient, wenn er voll versichert sein will, muß dann noch andere Versicherungen dazu kaufen. Ist das schon hier zu Ihnen hinuntergefiltert, oder trifft das nur Unternehmen, die also viele Arbeitnehmer haben und deshalb nicht mehr die Hälfte von einer Vollversicherung bezahlen müssen.

Dr. M: Daß die Kosten für unsere Kranken ins Immense steigen, wissen wir auch, und daß schon seit Jahren Bemühungen bestehen, das zu ändern. Ich weiß keinen Rat, ich weiß nur, daß unbedingt etwas geschehen muß, denn schon jetzt muß der Patient 12,9% z.B. in einer Krankenversicherung von seinem Arbeitslohn monatlich an die abführen. D.h. davon trägt der Arbeitgeber die Hälfte. Daß es sich so entwickelt hat, ist z.T. eben dadurch entstanden, daß der Patient ganz wenig eben Bargeld zahlen muß und dadurch eine große Anspruchshaltung entstanden ist, und die Selbstverantwortung vielleicht etwas kurz kommt und...ja!

A: Also er bezahlt im Grunde ja doch eine ganze Menge, ja? Wenn das 12,9% des Lohns an die Krankenkasse abgeht, von dem er die Hälfte bezahlt, bezahlt er gut 6 Mark von jeder 100 Mark, die er verdient. <Ja!>. Das ist sehr viel. Das ist natürlich ungerecht, würde ich sagen, für Leute, die nie krank sind <Genau, es gibt Leute, die...>, und andere, die dauernd kommen, um Sympathie vom Art zu fordern, wenn sie vielleicht nicht einmal krank sind.

Dr. M: Es wäre alles machbar, wenn es so in der Idee weitergehen würde, wie es mal entstanden ist, daß eine Solidargemeinschaft da ist, die für den Kranken aufkommt mit ihren Beiträgen und selbstverständlich dann aus diesem gemeinsamen Fond bezahlt wird, wenn er selber krank ist. Aber das läuft falsch jetzt, weil eben auch schon bei Bagatellbeschwerden die Patienten erscheinen, und dann wird das zu teuer. Aber es ist jetzt auch eine Regelung, daß eben Bagatellsachen die Patienten selber bezahlen müssen. Sowas wie also nur Befindlichkeitsstörungen, bißchen Kofpweh mal.

A: Da müssen sie... <Ja!> Da müssen sie selbst bezahlen?

Dr. M: Ja, da müssen wir dann ein Privatrezept ausstellen und...

A: Das darf nicht auf den Krankenschein eingetragen werden?

Dr. M: Nein! Das nein! Sonst wird uns Ärzten das in Rechnung gestellt.

A: Aha. Das ist dann wirklich schon eine Neuerung. Wie lange geht denn das schon?

Dr. M: Och, seit vielen Jahren. Da bin ich überfragt, aber das geht schon lange.

A: Ja, Frau Doktor, ich danke Ihnen sehr für die Zeit, die Sie mir gewidmet haben. Ich weiß, daß Sie in großer Eile sind und draußen weitere Patienten warten. Darf ich mich damit dann verabschieden von Ihnen?

Dr. M: Ja, es war mir eine Freude!

A: Danke schön!

End of Tape 5, Side 2